SACRALIDAD, IDEOLOGÍA Y ESTÉTICA

REYNALDO PADILLA-TERUEL

CENTRO DE ESTUDIOS E INVESTIGACIONES
DEL SUR OESTE DE PUERTO RICO
EDITORIAL AKELARRE
2017

Sacralidad, ideología y estética.

Primera Edición
abril 2017

Editorial Akelarre
Centro de Estudios e Investigaciones del Sur Oeste (CEISO)
Lajas, Puerto Rico

editorialakelarre.blogspot.com
editorialakelarre@gmail.com

Ilustración de portada: Obra sin título, Collage, 2012/2015, Colección Proyecto Bachué (Bogotá). Autor: Leonel Castañeda Galeano, página web: http://www.leonelcastanedagaleano.com/

ISBN: 153360035X
ISBN-13:   978-1533600356

a Soky,
con ternura

El Buda, frente a sus reverentes discípulos,
predicaba con los pies apoyados sobre un tigre dormido.
De pronto la bestia abrió los ojos.
Entonces el Buda, siendo sólo el sueño del animal, se disolvió.
El goloso animal devoró a todos los monjes.

Peligros de la enseñanza
Alejandro Jodorowsky

CONTENIDO

PRÓLOGO

HACIA UNA HERMENÉUTICA DE LA PUERTORRIQUEÑIDAD

Pedro Reina Pérez

Podrá pensarse que sobre la puertorriqueñidad —ese concepto elaborado como esencia de un proyecto partidista— todo está dado. Poco se repara en su génesis, su imaginario, sus mecanismos de significación y permanencia. El trabajo que tiene el lector en sus manos en un intento ambicioso por descorrer con denuedo una de sus obras fundacionales: la película *El Santero* realizada por la División de educación a la comunidad (DIVEDCO). Dice el autor Reynaldo Padilla-Teruel que "el cine reclama una realidad que de alguna manera u otra superará siempre lo ya dado en el espectador como experiencia, creando así una sensación ideal de trascendencia. En este sentido, el cine siempre es utopía y retiene en sí un carácter de imaginación profunda". La explicación de esa utopía, vista a través de esta película es el objetivo de este libro. Empero, para comprender el mérito del análisis propuesto en esta obra, es menester un comentario sobre el contexto histórico.

El proyecto de la División de Educación a la Comunidad (DIVEDCO), acometido desde el Departamento de Instrucción Pública de Puerto Rico, inauguró un capítulo de gran riqueza y suma complejidad literaria y visual en el devenir del proyecto público de cultura patrocinado por el gobierno de la isla. Su división de cine fue particularmente prolífica en la realización de un amplio catálogo de películas cuyo propósito era alcanzar una población adulta con baja escolaridad para educarle sobre temas puntuales de higiene, salud y también cultura, con énfasis en lo puertorriqueño. Este último tracto, el de la cultura,

9

se constituyó como una de las urgencias programáticas, en tanto que se concedía una alta prioridad a sensibilizar respecto a unos valores que estaban consensuados con el proyecto político del partido en el poder, es decir, el Partido Popular Democrático de Luis Muñoz Marín.

Debe recordarse que en 1947 se depuso el intento de asimilación norteamericana en el sistema público mediante la educación en inglés y, como respuesta, se emprendió una iniciativa amplia de educación no tradicional con claro acento en lo puertorriqueño, de la cual la DIVEDCO formó parte fundamental. Se educaba para una nueva ciudadanía, un nuevo tiempo donde "el pueblo entraba en escena", marcado por un intenso proceso de industrialización. Se definía lo puertorriqueño en oposición a lo que no lo era, se enfatizaban unos rasgos esenciales muy ligados al mundo de la ruralía que vivía justamente el impacto del cambio modernizador. Se pretendía el cambio material a la vez que se perseguía la sublimación de cualquier deseo de transformación espiritual. Era pues un momento fundacional en todo el sentido de la palabra, pues lo que se iniciaba, era un nuevo discurso constitutivo de lo puertorriqueño, impulsado desde el estado, que ponía en circulación nuevos relatos históricos y literarios, entre muchos otros, que conformaban un nuevo imaginario. Como todo sistema de representación, ese imaginario definía un universo simbólico a la vez que revelaba una sintaxis que posibilitara su elucidación.

El Santero, cortometraje de 27 minutos realizado en 1956, escrito por Ricardo Alegría y dirigido por Amílcar Tirado, es un texto visual de notable complejidad en su estructura narrativa y de contenido. Esta película se instaló en el imaginario del paisaje rural que servía como ombligo de este mundo donde el jíbaro asumía su nueva posición subjetiva como esencia de lo puertorriqueño.

Haciendo uso de una estrategia común en la DIVEDCO de posibilitar que personas se representasen a sí mismos —muy familiar al neorrealismo italiano—, la película se enfoca en la vida de don Zoilo Cajigas y Sotomayor, anciano tallador de imágenes religiosas en madera, del pueblo de Aguada. La talla de santos de palo, como también se le conoce, respondía a la demanda popular de imágenes para el culto católico casero, que fueran baratas y accesibles. Como ha señalado Ángel Quintero Rivera, la religiosidad popular no-institucional, que demarca su vivir fuera del control del estado y sus instituciones, irá conformando una dimensión de la vida social. Don Zoilo es seleccionado para protagonizar un filme que propondrá al artesano como sumo sacerdote de la cultura, en tanto que poseedor de un saber centenario, que se encuentra amenazado. Se trata de la constitución de un mito del origen, en el sentido literal del término.

Luego de un tiro de cámara de un paisaje rural montañoso, el narrador presenta al tallador de santos como figura central de una práctica mística cuyos orígenes lo anteceden por cuatro siglos, es decir, desde el comienzo de la conquista. Continúa valorizando la faena de tallar santos, es decir, darle materialidad a lo sagrado en la cultura, aquello que es consustancial a lo divino, práctica que se encuentra –enfatiza el narrador- amenazada por los avances de la modernización y el progreso, que ofrece al devoto imágenes fabricadas de yeso y producidas en grandes cantidades, sin valor estético o simbólico. Finalmente, el narrador presenta al protagonista de la cinta como un arquetipo del sacerdote de la cultura, cuyo oficio peligra literalmente ante la amenaza de lo ilegítimo –representado por lo nuevo y barato, que amenaza con desplazarlo. Acto seguido termina la locución, y la cinta nos muestra a don Zoilo en la soledad de su casucha campesina, con una banda o cortina musical de naturaleza coral –el Coro de la Universidad de Puerto Rico nada menos- entonando música sacra. Este acompañamiento coral hará las veces de narrador tácito puesto que acentuará con sus voces los momentos cruciales de la cinta. Esta dimensión exclusivamente musical deviene vector poderoso para el encuadre de la cinta, cuyo momento inicial –el emplazamiento de don Zoilo en su humilde casa- ocurre al compás de un "kyrie eleison" que en la tradición cristiana es una aclamación laudatoria muy antigua que se recita al inicio de la liturgia eucarística; el "kyrie" confiesa la supremacía de Jesucristo sobre la humanidad y su historia, a la vez que el eleison clama por la piedad. Al enunciarse juntos constituyen una clara profesión de fe. El resto de la película se musicalizó con otras piezas igualmente poderosas del repertorio coral religioso.

El trayecto de la cinta a partir de este punto nos muestra a don Zoilo aprestándose con hacha en mano para seleccionar un árbol apropiado para la talla. Una vez lo localiza, procede a medirlo y marcarlo con una escuadra, tras lo cual procede a cortarlo. De la nada, aparece una niña de claras facciones indígenas que, vestida de blanco observa cómo, en un momento determinado, de los golpes del hacha contra la madera, sale un cemí de piedra que cae a los pies de la niña, que lo toma en sus manos, mientras intercambia una mirada con el anciano que, con madera en mano, se devuelve a su casa a realizar la talla. Este encuentro de claros ribetes proféticos donde se sugiere el entrecruzamiento del mundo indígena con el occidental es sin duda enigmático y sugestivo, aunque no alcanza a resolverse en el resto del filme, quedando abierto para la interpretación poética.

Las tomas del proceso de talla nos revelan que se trata de una virgen negra, una Virgen de la Monserrate, cuya tonalidad de piel insinúa el tema de la mezcla racial, combinada con el religioso. Finalizado el proceso de tallar la imagen, el anciano la venera tocando un tiple para significar la ocasión. Luego se apresta a venderla, acudiendo a la iglesia del pueblo. Apostado en la puerta del templo observa cómo los feligreses le desprecian, haciendo gestos de disgusto con las manos, mientras una persona le muestra una virgen de yeso de tez blanca, que al parecer son las preferidas del momento. Acto seguido se muestra una secuencia de tiros de cámara que revelan el proceso de producción en masa de dichas imágenes religiosas. Cansado, y sin haber podido vender el fruto de su trabajo, el anciano se acerca a un par de jóvenes que con la mano le señalan un camino. La cámara presenta entonces un primer plano de la torre de la Universidad, revelando ésta como el lugar al que se referían dichos jóvenes. Cansado y subiendo con dificultad las escaleras de la entrada, don Zoila accede al Museo donde, tras una corta negociación, le harán un espacio a la talla de su virgen, en una vitrina de exhibición, mientras el coro entona con brío un aleluya glorioso que marca el fin de este relato.

De todos los proyectos fílmicos de la DIVEDCO éste es uno de los más osados y además de los más complejos, en tanto que conjuga una clara voluntad política que va a contrapelo del proyecto estatal de cultura que discurría por otro camino. Nos muestra también una serie de negociaciones que nos permiten asir de esta manera el texto como espejo de las tensiones propias de un proyecto que privilegiaba lo cultural y silenciaba lo político.

Tomemos la figura de don Zoilo, de rostro envejecido y figura menuda, elevado a sumo sacerdote, no sólo del saber artesanal/místico, sino también de los misterios de la cultura en su dimensión material, es decir las artesanías, asediado por un progreso que amenaza no tanto su modo de vida, sino su visión del mundo místico, de sus mandamientos y reglas constitutivas, en cuya interpretación está él y únicamente él iniciado. En el caso del protagonista, se trata un asceta en "stricto senso", con todos los atributos propios de esta figura arquetípica, personificado por un jíbaro puertorriqueño, que vive en soledad y en constante contemplación, salvo cuando tiene que interpelar al otro para el intercambio de bienes simbólicos que representan su salvación y a la vez su supervivencia.

Su representación es una puesta en juego desde el estado de uno de los relatos más emblemáticos y contradictorios de lo puertorriqueño que deposita en la épica de la figura del jíbaro, el asunto de la identidad nacional, con claras contradicciones pues propone de una parte la superación de la marginalidad de la pobreza rural, a la vez que la preservación de una esencia, en este caso conjugada en un misterio: el de la cultura. Solo que esta vez ése mismo misterio se expresa en un objeto material de culto que es la figura tallada. Este juego de la pieza artesanal como símbolo de lo sagrado, como objeto mítico es un dispositivo didáctico poderoso que equipara lo religioso –la Virgen negra, además- con un saber histórico y cultural, cuyo origen se sugiere ancestral. Si la cultura vista de este modo es sagrada, y lo sagrado es siempre un misterio, la única actitud posible ante éste es la de la fe, actitud ante la cual no caben los cuestionamientos. En el análisis que el lector tiene ante sí, Padilla-Teruel lo resume de este modo:

> En el film, el don del santero Cajigas se eleva a niveles sublimes ya que en él recae todo el peso fílmico-representacional de una tradición ancestral y originaria. La talla de imágenes religiosas es expuesta como imaginería popular, rango estético-semántico más alto que puede adquirir el arte y la publicidad homogeneizadora de las imágenes producidas por una cultura, para que así le sea apelante, o al menos produzca algún estímulo entre sus miembros. Así pues, lo que se considera como imaginería popular tiene el reconocimiento de la mayoría, sino de todos los miembros de una comunidad, a saber, la comunidad puertorriqueña.

La amenaza que se cierne sobre el edén rural puertorriqueño proviene de la manufactura en masa, seriada, de falsos objetos, carentes de la consagración religiosa y por ende, de validación, aunque su poder de seducción es amplio y significativo. En pocas palabras, su posesión, aunque es asequible por barata, carece de valor ritual. Se trata de objetos paganos, que no se asumen como verdaderos.

Las alusiones al proceso amplio de industrialización y sus consecuencias en la película son obvias, pero reducen el rechazo de la tentación de lo moderno a una decisión emotivo-racional que se controla a base de voluntad, y que ignora la fuerza de un inconsciente que gobierna los actos del sujeto por encima de su propio deseo. En sentido sicoanalítico su posesión como símbolo de lo moderno se puede interpretar dentro de la lógica del goce, que nos aparta del deseo que, al desconocerse, se padece.

Se revela aquí el comentario político del guionista que apunta con su crítica a los afanes públicos por marcar un rumbo hacia el progreso, a pesar del costo que supone la pérdida de cierto modo de vida tradicional, cosa que no es exclusiva de Puerto Rico sino de América Latina en su tránsito hacia una modernidad tardía. No obstante, este documental se suma a otros producidos por la DIVEDCO que develan un notable filo crítico respecto a las contradicciones del proyecto del que forman parte, cosa que denota una cierta tensión contradictoria.

Acaso la dimensión más tensa y problemática sea la de intentar inscribir la Universidad de Puerto Rico como escenario de salvación o tierra prometida ante la indiferencia general expresada en el rechazo al santero, cuyo saber ya no cotiza en el mercado del interés ciudadano. Esa torre universitaria, convertida en obelisco que cifra una jerarquía de saberes, se insinúa como sensible en su museo, a los encantos de la cultura popular. No obstante, sabemos que ese interés es más formal que trascendente, pues en sus vitrinas, lo que de otra manera sería figura devocional, se convierte en objeto museológico, privado de su significado original en una operación que lo convierte en objeto coleccionable y arqueológico. Este intento por acercar la Universidad a los saberes populares fue un acto fallido que la DIVEDCO abandonaría en proyectos subsiguientes, en tanto que ese lugar institucional sería ocupado por el Instituto de Cultura Puertorriqueña. El ICP se constituiría en sede de ese saber patriarcal y jerarquizado que designaría los órdenes y los significados de las expresiones materiales de la cultura.

Con un aparato teórico robusto y una mirada original, Reynaldo Padilla-Teruel va tejiendo, con los hilos de la obra de marras, un argumento que la revela y cuestiona en modos inéditos, poniendo al descubierto nuevas dimensiones. Reconociendo los méritos de sus creadores, pero cuidando la distancia con sus fines, el autor contribuye a poblar una bibliografía nueva, que abrirá la puerta a interpretaciones noveles. De seguro que el lector sabrá apreciar el mérito que este libro tiene para la reputación académica del autor y para el estudio de la cultura puertorriqueña contemporánea.

INTRODUCCIÓN

Santero es un *film* dirigido por Amílcar Tirado y escrito por Ricardo Alegría que presenta una estampa del quehacer y vida del tallador de santos de madera don Zoilo Cajigas y Sotomayor. Mediante el uso de la metáfora como elemento retórico y constitutivo de la narrativa del *film*, se reconstruye en torno a la figura del tallador de santos una entidad cuasi sagrada dentro de una mitología de origen, siendo el santero portador de un conocimiento místico. De igual manera se presenta su producción artístico-cultural (el santo de palo) como la materialización o la transustanciación de ese saber místico.

El *film* fue realizado como parte de los proyectos educativos de la División de Educación de la Comunidad o la DIVEDCO. Éste proyecto representaba en gran medida la visión de la pedagogía democrática de Luis Muñoz Marín y el Partido Popular Democrático en torno a sus políticas culturales. Las mismas estaban dirigidas a fortalecer el sentido nacional puertorriqueño a través del quehacer cultural. Es por ello que el *film* establece sus propios límites discursivos para mantenerse dentro de la ideología del Estado.

A través de la relativa libertad que concede la forma artística, el *film* hace unas afirmaciones sobre los procesos políticos y socio-culturales de la época que se manifiestan en la representación y manejo del lenguaje cinematográfico. Valiéndose del arsenal de técnicas cinematográficas para reforzar sus connotaciones, el *film* construye un planteamiento sacro-cultural que le es propio a su discurso; esto por su temática religiosa subyacente y por la forma en que se conjuga dicha religiosidad con el relato del santero como un ícono dentro de la cultura puertorriqueña. El *film* es punto de encuentro del relato sagrado con el cultural, que se entrelazan para reforzarse mutuamente y crear en el espectador un fervor cuasi religioso en torno a la cultura puertorriqueña y su iconografía popular.

En torno a esta construcción de una visión sacralizada de la cultura, los planteamientos del *film* en cuanto a lo puertorriqueño buscan elevarse a una alta conciencia, como lo hace en esencia el pensamiento religioso. Al hacerlo, adquieren la estructura rígida, cerrada y sin posibilidad de argumentación o cuestionamiento alguno como lo son en esencia las estructuras de los dogmas religiosos. Dichos planteamientos se encierran en su propia lógica para lograr su cometido y proyectar el canon cultural oficialista que se manifestaba a través de la DIVEDCO.

La investigación surge a raíz de una profunda fascinación con la expresividad del cine y como ésta es capaz de generar unas emociones y un conocimiento que trasciende lo cinematográfico. Por ello, en nuestro análisis, expondremos una interpretación filosófica sobre sus significados a partir de sus componentes cinematográficos, ideológicos y estéticos; prestándole especial atención al devenir del santo de palo y a cómo éste cesa de ser apelable a una conciencia de mística religiosa y se transforma, entonces, en objeto estético de la cultura popular puertorriqueña. Nuestro análisis va dirigido a reflexionar sobre los fenómenos que impulsan dicho cambio o transformación de consciencia perceptual. En términos formales, el *film* se expresa en un lenguaje que deja al descubierto una vía interpretativa por la cual descubrimos diferentes connotaciones socioculturales. Por ello, podemos adscribir diferentes sentidos a partir de nuestra reflexión hermenéutica.

El valor de este trabajo recae en el intento de despertar en el lector un genuino interés por el estudio exhaustivo de la cinematografía puertorriqueña, interés casi inexistente entre algunos círculos académicos. Más que abrirse a una nueva visión de crítica artística, el cine puertorriqueño debe ser fuente de reflexión y análisis en un carácter más profundo. El cine, al igual que la literatura, la música y cualquier otra manifestación artística, expone un tipo de mentalidad creadora, que a su vez expresa las condiciones de su entorno y su contexto. En este aspecto, entender la peculiar expresión cinematográfica de la DIVEDCO ayuda también a comprender diferentes dinámicas culturales de la época contemporánea, ya que hoy día se emplean ciertos convencionalismos estéticos en cuanto a lo puertorriqueño, que su origen se remonta a la visión artística de la División de Educación de la Comunidad.

CONTEXTO Y MÉTODO DE ANÁLISIS

La televisión es mucho más persuasiva
que el sacerdote o que la madre,
la pantalla cinematográfica
lo es mucho más que los ancianos de la tribu
-Alberto Carrillo Canán

El arte cinematográfico crea obras que no ocurren al vacío o mucho menos desligadas de su contexto social, histórico y cultural. Este hecho no es uno que limite su análisis a uno que reduzca el *film* a mero producto cultural de una época específica, sino que el propio fenómeno de la interpretación se produce desde ciertas generalizaciones que serían imposibles si no fuese por una debida contextualización de la obra examinada en un tiempo histórico determinado. La obra de arte se puede remitir directamente a su creador junto con las intenciones de éste al momento de crear, pero a su vez, el artista es un sujeto histórico sumergido en la trama y el tejido social, formando parte de unos procesos socioculturales que de una manera u otra se manifiestan en su creación artística. Estos elementos, como ya mencionamos, también están presentes en las obras de arte, pero no siempre como elemento constitutivo o primordial de las mismas.

Muchas veces esos elementos, al encontrarse implícitos, podrían ser consumidos por una efímera experimentación estética de la obra de arte. Este aspecto es de suma importancia, ya que el intérprete de un texto, en este caso un texto fílmico, debe estar consciente de la contextualidad del análisis en sus dos vertientes: primero, su *contextualidad presente* (desde dónde se analiza) y su *contextualidad histórica* (la época en que la obra fue creada). Dada la debida fusión de horizontes –concepto que explicaremos más adelante- se podrá dar paso a un entendimiento de la obra de arte que no sucumba totalmente a los prejuicios del intérprete ni que se quede agónicamente flotante en un somero análisis histórico-contextual que nada aporte a un entendimiento relevante de la misma.

-Políticas culturales y el cine de la DIVEDCO

En la década de los cincuenta, Puerto Rico encarnaba un momento fundacional en todo el sentido de la expresión. La política del Partido Popular Democrático (PPD) inauguraba discursivamente uno de los espacios sociales de poder más importantes para el populismo de la época, a saber, la cultura. Esta politización de la cultura se dio, principalmente, por medio de la institucionalización de la misma; específicamente en la gesta de proyectos culturales desde agencias estatales creadas estratégicamente para dichos propósitos.

Si bien fue cierto que bajo el proyecto de industrialización del PPD la isla alcanzó prósperos niveles económicos, y en relativamente poco tiempo, lo mismo se promovía que sucediera a nivel cultural. De aquí que se diera entonces un dirigismo cultural orientado a cumplir con ciertos estándares culturales *universales*, fomentando a su vez, una versión oficialista de la puertorriqueñidad que sirviera de soporte ideológico y moral a este desarrollismo capitalista injertado en la cultura. Con tal propósito se crearon las piezas legislativas que permitieron un intenso periodo de prácticas político-culturales, teniendo como fin el crear y afirmar una identidad nacional.[1] Esta identidad nacional, no fue una cualquiera, sino una fundamentada única y exclusivamente en los aspectos folkloristas de la cultura, debilitando así su carácter político y anticolonial.

---

[1] El historiador Jaime Rodríguez Cancel conceptualiza historiográficamente este periodo como "el sexenio de la puertorriqueñidad", periodo de intensa legislación y política cultural que abarca los años de 1953 al 1959. Véase su libro: *La Guerra Fría y el sexenio de la puertorriqueñidad: Afirmación nacional y políticas culturales*. San Juan: Ediciones Puerto, 2007.

Como agencia gubernamental, la DIVEDCO se crea en 1949 mediante la ley #372 del 14 de mayo, a tan solo un año de la victoria electoral del Partido Popular Democrático. Además del Instituto de Cultura Puertorriqueña, creado en el 1951, la División fue uno de los proyectos emblemáticos de tales políticas culturales. El proyecto era uno vigilado muy de cerca por el propio Luis Muñoz Marín. Éste, influenciado grandemente por las políticas del Nuevo Trato, confiaba en que la tecnología y los medios de comunicación masiva eran los modos más útiles tanto para la educación de las masas y la propaganda político-ideológica. Surgía entonces cierta ilusión de democratización en los medios de comunicación, y las políticas del PPD iban dirigidas a explotar esa ilusión. Desde los comienzos de la División, como proyecto experimental hasta que se convirtió en ley, colaboraron cercanamente a Muñoz Marín su esposa Inés María Mendoza, Jack e Irene Delano, Edwin Rosskam, el escritor René Marqués, Fred Wale y Carmen Isales.[2]

Adscrita al entonces llamado Departamento de Instrucción Pública, el propósito principal de la DIVEDCO fue el de educar a los adultos de las principales zonas rurales del país para que éstos comprendieran y se adaptaran mejor a los cambios sociales que sufrían a consecuencia del acelerado desarrollo industrial de la isla. En un tono altamente paternalista, se temía que la forma de ser (noble, buena, humilde, desinteresada y otros benevolentes amansamientos) del puertorriqueño se afectara o se perdiera para siempre ante el capitalismo y la industrialización. Ya que la mayoría de los "clientes" de la agencia no sabían leer ni escribir, se utilizó como medio predilecto lo visual (carteles, películas, folletos, etc.) y la radio. La División se proponía seriamente lograr un verdadero cambio dentro de la sociedad puertorriqueña.

---

[2] Mongil Echandi, Inés y Rosario Albert, Luis. "Cine con Propósito". En: Álvarez-Curbelo, Silvia. (et. al) *Idilio Tropical: La Aventura del Cine Puertorriqueño*. San Juan: Banco Popular de Puerto Rico, 1994. pp. 27.

Su objetivo es proveer a la buena mano de nuestra cultura popular con las herramientas de una educación básica. En la práctica, significa darles a las comunidades… el deseo y la tendencia y las maneras de usar sus propias aptitudes de salud, educación, cooperación, vida social… La comunidad no debe estar cívicamente desempleada.[3]

Ésta fue la década en que se transformó la enseñanza de la nueva cultura política en aparatos oficiales que de alguna manera nacionalizaron este nuevo modo de ser. Fue la década de empezar a rescatar "lo puertorriqueño" del discurso nacionalista tradicional para complementar el proyecto modernizador. Los intelectuales y artistas empezaron a involucrarse en la cultura institucional, porque precisamente era ése el espacio que el estado les había reservado. La División fue entonces esa marca de transición, ese cruce entre las legislaciones sociales y las culturales […] Muñoz realizó todos los operativos simbólicos para construir un estado. En la gran escena del Estado Libre Asociado, de continuas inauguraciones y fundaciones, quiso nacionalizar la cultura del jíbaro. La División quedaría entonces en manos de intelectuales y artistas puertorriqueños, muchos, críticos de su obra. El populismo, en su ambigüedad, tenía la capacidad de albergar este tipo de proyecto.[4]

Con la creación de la unidad de Cinema de la División de Educación de la Comunidad, la cinematografía hecha en Puerto Rico fue encausada para contribuir en la creación de una gramática visual oficialista dentro del canon ideológico del nacionalismo cultural puertorriqueño. La misma se formó utilizando como modelo estructural el National Film Board de Canadá e influenciado por la escuela documentalista británica de la década del 1930 y por el neorrealismo italiano posterior a

---

[3] *Leyes de la Primera Legislatura Ordinaria de la Decimoséptima Asamblea Legislativa de Puerto Rico*, 1949. Según citado en: Rodríguez Cancel, Jaime. *La Guerra Fría y el sexenio de la puertorriqueñidad: Afirmación nacional y políticas culturales*. San Juan: Ediciones Puerto, 2007. pp. 241-242.

[4] Marsh-Kennerley, Catherine. *Negociaciones Culturales: Los intelectuales y el proyecto pedagógico muñocista*. San Juan: Ediciones Callejón, 2009. pp. 71.

la Segunda Guerra Mundial. También, se presenta en la unidad de Cinema de la División los comienzos de un cine, que además de ser hecho en Puerto Rico, era propiamente puertorriqueño[5]; esto porque se comenzaba a matizar cinematográficamente unos modos de expresión, unas costumbres y un modo de ser que son representaciones ideales de lo que la puertorriqueñidad debería ser. En todas las cintas que se filmaron bajo la DIVEDCO prevalece un optimismo a desarrollar y promover dicha representación idealizada de la puertorriqueñidad. Según afirma Rafael Cabrera Collazo en su ensayo *Iconografía de la Modernidad*:

> DIVEDCO, en su interior, fue concebida para preservar la esencia de la puertorriqueñidad. Gran parte de las situaciones recreadas en las películas atestiguan el interés por lo tradicional, lo típico; por mantener un pasado redefinido para el jíbaro, pero sin que éste fuese el verdadero arquitecto en la redefinición [...] Lo más irónico es que ante el llamado y el compromiso para reivindicar al puertorriqueño dentro del modelo económico de los Cincuenta, la actitud de la agencia fue reaccionaria y conservadora.[6]

---

[5] Joaquín "Kíno" García en su *Breve Historia del Cine Puertorriqueño* (Bayamón, 1989) expone los siguientes parámetros para definir lo que él entiende por cine puertorriqueño en su estudio:

1. El enfoque de la obra y los valores representados responde a una manera de interpretar la realidad que en su esencia es puertorriqueña;
2. La producción es puertorriqueña o la mayor participación en el esfuerzo del producir la película, ya sea en términos del talento y los técnicos que participan, o en términos de la inversión de capital, es de origen puertorriqueño;
3. El contenido o tema responde a una realidad o planteamiento desde el punto de vista nacional, en términos del enfoque y tratamiento del mismo;
4. Tiene como meta, dentro de un proyecto histórico, el convertirse en cine puertorriqueño o nacional.

[6] Cabrera Collazo, Rafael L. "Iconografía de la modernidad: la División de Educación de la Comunidad y la política cultural en el Puerto Rico de los Cincuenta". En: Marzal Felici, Javier y Francisco Javier López Tarín (ed.) *Metodologías de análisis del Film*. Madrid: Editorial Edipo, 2007.

La División y su alto contenido –y privilegio- a lo visual, generó una iconografía de la identidad puertorriqueña que luego se convirtió en la memoria visual oficial del país. Se construyó así, una articulación pictórica del nacionalismo cultural puertorriqueño de cuño populista, folklorista y tradicionalista. La misma retrataba idealizadamente el triunfo y el progreso sociocultural bajo el PPD y sus políticas culturales. En este aspecto, destacamos que la DIVEDCO como agencia gubernamental funcionó como instrumento ideológico y propagandístico del proyecto político de Muñoz Marín y el Partido Popular Democrático. En la mayoría de las películas se presentan diferentes transformaciones sociales ocurridas en Puerto Rico, que a su vez reflejan y representan los cambios propuestos y ejecutados por el PPD.

> ...hacia ese desarrollo moral y espiritual, o lo que es lo mismo, de valores y actitudes, se encamina la labor de la división con el claro objetivo de lograr la integración y mayor participación del campesinado en la 'vida buena', que Muñoz Marín en su discurso ante la legislatura, había expresado como anhelo para el Puerto Rico moderno.[7]

Desde esta perspectiva, la División fue algo como lo que Louis Althusser llamó un Aparato Ideológico del Estado, de tipo cultural; ya que somete a los individuos a la ideología política del Estado, en este caso mediante la cultura.[8] Siguiendo tal pensamiento althusseriano, donde "*la categoría del sujeto es constitutiva de toda ideología*"[9], afirmamos que el sujeto al que se interpela en la ideología que promovía la DIVEDCO mediante sus películas fue el jíbaro puertorriqueño. "Muchos definían el jíbaro adjudicándole comportamientos propios de la

---

[7] Aguiló Ramos, Silvia A. *Idea y Concepto de la Cultura Puertorriqueña en la Década del 50*. Tesis. Centro de Estudios Avanzados de Puerto Rico y el Caribe, 1987. pp.401.

[8] Véase: Althuser, Louis. *Ideología y Aparatos Ideológicos de Estado*. 1970.

[9] *Ibid.* pp. 37.

'psicología colectiva del pueblo puertorriqueño' y manejaban el vocablo para referir a la totalidad nacional."[10] De aquí que fuese posible articular políticamente un discurso que otorgase un papel activo al jíbaro –como totalidad representacional del pueblo puertorriqueño- en el proyecto de reconstrucción nacional.

La cinematografía de la DIVEDCO se dio a la tarea de contribuir a dicha reconstrucción nacional mediante una aportación del tipo pictórica; una aportación ejemplificada y representada en todas sus películas. La temática de éstas intentaba socavar profundamente la consciencia de los puertorriqueños y lo hacía por medio de la representación cinematográfica de la cotidianidad puertorriqueña. En este sentido, la DIVEDCO estetizó dicha cotidianidad idealizada de la puertorriqueñidad hasta explotarla tanto icónicamente e ideológicamente para sus fines políticos. La División como un agente productor de memoria visual, alimentó en gran medida un complejo imaginario sociocultural desde el cual se reproducirá un discurso específico en torno a la identidad puertorriqueña. El mismo funcionó como herramienta pedagógica para ciertas prácticas culturales, pero también funcionó como disuasivo político; y justamente en este doble aspecto de la DIVEDCO recaía su fuerza y poder como una agencia gubernamental.

En su primer periodo, que transcurre desde su creación en 1949 hasta 1959, la División filmó 48 películas. En su segundo periodo, de 1960 a 1987 el número de *films* asciende a 107.

Para finales de la década de los 60's la DIVEDCO comienza a perder fuerza e impacto. La generalidad y superficialidad de los temas hacía casi imposible hacer una verdadera labor pedagógica seria y sustancial en la fibra social del país; en otros ca-

---

[10] Rodríguez Vásquez, José Juan. *El Sueño que no Cesa: La nación deseada en el debate intelectual y político puertorriqueño, 1920-1940*. San Juan: Fundación para la Libertad-Ediciones Callejón, 2004. pp. 128.

sos, los guiones diferían demasiado de la realidad de la comunidad que se intentaba integrar a las producciones. En este aspecto, siempre fue claro que el carácter educativo e institucional sería resaltado frente a la creación artística libre y renovadora. El problema surge porque ese exceso de didactismo reflejaba cierto conservadurismo y control político-ideológico sobre lo que se produce como material educativo dentro de la División. La creación artística libre era, pues, muy peligrosa para la estabilidad política deseada.

Hay quienes también adjudican este "agotamiento" de la División al cambio de gobierno que hubo en 1968 y a la visión cultural del Partido Nuevo Progresista que difería de los principios o fundamentos de la propia agencia. Este es el caso de Teresa Tió, quien afirma que:

> ...se dejó que la inercia se apoderara del programa y no proveyeron recursos para su desarrollo [...] La primera señal amenazadora fue la eliminación, en 1969, de la unidad editorial donde se producían los textos de libros y los guiones de las películas. De un golpe, la institución quedaba desprovista del instrumento básico para su desarrollo.[11]

-Sobre el *film*

Santero fue filmada en 1954 con un libreto escrito por Ricardo Alegría, entonces director del Instituto de Cultura Puertorriqueña y director auxiliar del Museo de Historia, Antropología y Arte de la Universidad de Puerto Rico. Como parte de una exposición previa sobre la talla de santos de palo que se

---

[11] Tió Fernandez, Teresa. "Sobre las Artes y la División de Educación de la Comunidad". En: *El Archivo Luis Muñoz Marín: una ventana para el estudio de la historia puertorriqueña*. San Juan: Fundación Puertorriqueña para las Humanidades, 2000. pp. 42.

había organizado, surgen los primeros intentos por documentar y preservar dicha práctica místico-artesanal.[12] La talla de santos de palo o la santería es considerada por la cultura popular puertorriqueña como una tradición que condensa en su expresión el fervor religioso del pueblo puertorriqueño y el "*buen saber*" del jíbaro de nuestros campos.

Es por medio de un estudiante suyo que Ricardo Alegría conoce sobre la existencia de don Zoilo y su obra. Luego de conocerse ambos, y por el previo interés de Alegría en la talla de santos, surge la motivación de grabar el *film*; logrando que el Museo de la Universidad de Puerto Rico auspiciara el proyecto y encargando, a su vez, la DIVEDCO los aspectos técnicos del rodaje. No conozco razón exacta por la cual se decide escoger a Amílcar Tirado como el director del *film*, pero podríamos asumir que, por su experiencia, compromiso y reputación como cineasta y director de la sección de cinema de la División, le otorgaran con dicho quehacer.

La película fue filmada en el 1954 entre Aguada y San Juan (en la actual residencia taller de Cajigas, en la entrada de la iglesia San José del Viejo San Juan y el museo de la Universidad en Río Piedras). Fue estrenada en la isla en 1956 y exhibida en el festival cinematográfico de Venecia del mismo año, donde ganó una mención especial en la categoría de documental de arte. También fue exhibida en el Festival de Edimburgo (1956), Flaherty Foundation Seminar (1956 y nuevamente en 1958), Unión Panamericana (1957), Museo de Arte Moderno (1957)

---

[12] En 1948 Ricardo Alegría organizó para el Museo de la Universidad de Puerto Rico una exposición de la imaginería popular donde destacó la obra de Zoilo Cajigas y Sotomayor. Además, en 1952 el Ateneo Puertorriqueño inauguró una serie de concursos de Santeros que estuvieron celebrándose por cuatro años consecutivos. Queda de manifiesto que la película se suma a dichos esfuerzos por preservar en el imaginario la imaginería popular. Fuente: Skerrett de Torres, Lillian. "Símbolo del Santero Puertorriqueño". *El Mundo*. Microficha.

y en el Festival Latinoamericano de Música, llevado a cabo en Caracas, Venezuela (1957).

-Sobre el análisis fílmico

El análisis de un *film* es un quehacer creativo, intelectual y académico que, como muy pocos, no se enclaustra o se limita solamente a una disciplina en particular. En vez de plantear una total independencia o superioridad de éste, resaltamos el carácter ecléctico de sus métodos, ya que estos contribuyen a un pensar profundo, sustancial e ilimitado que a veces suele ser de difícil clasificación.

Mediante la recopilación de elementos más o menos dispersos a través del *film* y el análisis individual de éstos, se va reconstruyendo un todo textual, que a su vez funciona como respuesta al cuestionamiento inicial que mueve el análisis. Este movimiento circular –que pronto explicaremos sus implicaciones hermenéuticas- tiene como finalidad el entendimiento. Más que deconstruir y reconstruir el *film* a partir de sus componentes, es una internalización y externalización de éste. Dicha externalización constituye una interpretación del texto fílmico que muy bien podemos llamar como un sentido exteriorizado del *film*.

La imagen como episteme tiene la virtud de ser polisémica, y en su uso cinematográfico se maximiza dicha característica con las múltiples capas de interpretación que permite el medio fílmico. Es por ello que las lecturas posibles de cada *film* son innumerables cauces por donde fluyen infinitos sentidos e interpretaciones. Es en este momento donde reclamamos la pertinencia del método hermenéutico para este análisis.

La hermenéutica (que toma su raíz de Hermes, el intérprete del mensaje divino) es conocida como el "arte de la interpretación" y tiene su origen poético-religioso en la enseñanza de la poesía homérica.[13] Desde entonces ha quedado rezagada la misma a un aspecto místico-religioso, siendo la principal fuente metodológica y teórica para la exégesis bíblica. Con San Agustín de Hipona y su interpretación de las "*sagradas escrituras*", el lenguaje escrito adquiere especial importancia en la hermenéutica. No es hasta la época moderna en que ésta logra sacudirse un poco de la religión y ser esbozada como un método puramente filosófico; sobre todo con la aportación de Wilhelm Dilthey (1833-1911) quien consideró la hermenéutica como el método por excelencia para las *geisteswissenschaften* (ciencias humanísticas o humanidades).[14]

Para mediados de siglo XX y radicalmente distanciado de Dilthey, Martin Heidegger expone una hermenéutica existencial del tipo fenomenológica. A pesar de la gran influencia de éste en las posteriores Teorías de la Recepción y el propio método hermenéutico, nunca expandió sus alcances fuera de su densa filosofía ontológica. Ya en Gadamer, alumno de Heidegger, se ve un profundo interés en las implicaciones hermenéuticas que posee la experiencia estética. Reservando de su maestro el carácter ontológico de la hermenéutica, éste se preocupa por la *ocurrencia del entendimiento* en el acto de interpretar cualquier texto u obra de arte. Puesto que todo interpretar procede de nuestro ser-en-el-mundo, toda comprensión y entendimiento también es un interpretar.

> La interpretación es un comprender, y el comprender es ya interpretar. La interpretación se hace desde el horizonte de

---

[13] Rojas Osorio, Carlos. *El Arte de la Interpretación*. *Exégesis* Año 1 No. 2 enero-abril 1987.

[14] Véase: "Dilthey: Hermeneutics as Foundation of the Geisteswissenschaften". En Palmer, Richard E. *Hermeneutics: Interpretation Theory in Schleiermacher, Dilthey, Heidegger, and Gadamer*. Evanston, IL: Northwestern University Press, 1969. pp. 99-123.

mundo del intérprete. Y, a su vez, el mundo histórico que se trata de comprender constituye también un horizonte.[15]

Gadamer emplea el concepto de "fusión de horizontes", que implica la relación -tipo correspondencia- del preguntar del intérprete y el contestar del texto. El objetivo y el debido proceder de la interpretación es fusionar el horizonte del mundo del intérprete con el horizonte del mundo (época) que pertenece la obra de arte confrontada. Sólo con la ocurrencia de tal fusión de horizontes se podrá llevar a cabo una especie de diálogo interpretativo que refleje el horizonte histórico y, a la vez, la actualidad de la obra de arte. La confrontación con un texto, o cualquier obra de arte, es el acto de concebir una pregunta, y que esta pregunta sea también repuesta. Así se constituye el círculo hermenéutico.[16]

Para Gadamer, la experiencia estética debe asumir una postura hermenéutica más que cualquier otra. Es por ello que dirige su crítica al sentido subjetivo que adquiere el juicio estético a partir de Kant. Según Gadamer, lo que éste filósofo esboza es un filosofar del gusto artístico que no necesariamente cumple con los requisitos formales de un juicio cognitivo.[17] Aunque para Gadamer *el método* no constituya lo fundamental de una investigación, ni apele a la veracidad de la misma, éste rechaza toda subjetividad que pueda surgir a partir de la contemplación estética. Califica tales subjetividades como efectos naturales producidos por la *artisticidad* de la obra confrontada. Esto hace que Gadamer profundice mucho más en el aspecto ontológico e interpretativo de la experiencia estética

---

[15] Rojas Osorio, Carlos. *Estética y hermenéutica en Gadamer. Primer Congreso Virtual Humanístico del Caribe* 2002. En: http://www1.uprh.edu/cvhc/carlosrojas.htm
[16]"Martin Heidegger entenderá que este círculo es constitutivo de la hermenéutica: todo lo que tratamos de comprender, en cierto modo tenemos que haberlo comprendido ya –al menos en parte." *El Arte de la Interpretación.*
[17] Estética y hermenéutica en Gadamer.

como un proceso en el cual se revela un conocimiento que trasciende los juegos y las subjetividades del *gusto* dentro de lo estético.

Hemos utilizado la hermenéutica filosófica gadameriana para incurrir en nuestra explicación histórico-cultural y sociológica sobre los significados de *Santero*. Los diferentes fenómenos percibidos como centrales en el *film* han sido elaborados teóricamente como caminos de análisis. Dichos caminos, si bien son líneas conceptuales de abordar la investigación, haciendo que esta asuma determinada marcha, las mismas deben estar fundamentadas por cuestionamientos iniciales; deben pues, convertirse en horizonte inquisitorio e interpretativo. Esto significa que en la medida en que se pregunte "*algo*", se despejará el horizonte de entendimiento del propio cuestionar. El interpretar, entonces, se convierte para nosotros en el propio proceder de la pregunta.

Para esta investigación, los fenómenos a cuestionar son la sacralidad, la ideología y la estética. Desde estos elementos principales se trabajan hermenéuticamente con los recursos cinematográficos en busca de la comprensión y sentido del *film* como un todo textual.

La significación cinematográfica, tiene un lenguaje, que además de ser artístico y poético, es también, técnico. En el análisis de un *film* sabemos que los tiros de cámara, los cortes de las tomas, los acercamientos de la cámara, etc. constituyen herramientas técnicas que también expresan una manera de ser y una funcionalidad tanto narrativa como textual en la experiencia fílmica. La manera en que se construye lo puesto en escena indica diferentes propósitos; a veces como marcas enunciativas, otras veces para establecer puntos de vista, también como "*raccords*", o para crear el efecto "*flasback*", entre otros.

Además de los aspectos técnicos referentes a la significación cinematográfica, ésta también se da de unos modos donde su contexto implica muchas veces el sentido del *film*. A su vez, dicha contextualización se expresa de maneras lingüísticas en la expresión fílmica; y su recepción implica entonces una lectura simultánea de varios signos mediante una compleja red enunciativa productora de sentido.

En este aspecto, todo sentido que adscribiré, toda significación que estaré empleando y todo pre-juicio que denotaré y destacaré en este ensayo-análisis sobre *Santero,* estará enraizado y fundamentado en su contexto sociopolítico e histórico. La cinematografía, además de mostrarnos múltiples idiosincrasias de diferentes épocas, nos permite el acceso a los *films* en su calidad de producto cultural material de un periodo específico; y en ello también respaldo mis aseveraciones.

El cine reclama una realidad que de alguna manera u otra superará siempre lo ya dado en el espectador como experiencia, creando así una sensación ideal de trascendencia. En este sentido, el cine siempre es utopía y retiene en sí un carácter de imaginación profunda. Por más "realista" que sea su temática o argumento, el fundamento de su ser siempre será la creación artística. Pero, ciertamente existen varias connotaciones con el exacerbado intento de representar con fidelidad absoluta la realidad; es por ello que un *film*, además de representar algo, también lo presenta de manera peculiar. Este interés de un *film* en ser creíble, funciona también como un ejercicio de credibilidad entre *film* y espectador. Como un todo textual que es el *film*, éste no puede ser percibido parcialmente cierto o parcialmente falso, ya que esto afectaría su estructura textual como tal. Sin embargo, más allá de pensar en una realidad ambigua o medias verdades, la cinematografía presenta un tipo de verdad que agota su propia posibilidad en el mundo del espectador.

SACRALIDAD

Its dangerous to unmask images,
since they dissimulate the fact that
there is nothing behind them
-Jean Baudrillard

El *film* está dotado de sacralidad por todas partes, es decir, su título, su personaje-protagonista, la trama y su musicalidad. Sus emblemáticas imágenes narran visualmente la historia de don Zoilo Cajigas y Sotomayor capturando nuestros sentidos y permitiéndonos adentrarnos en un desbordamiento de significantes. Estos expresan un peculiar canon de identidad cultural-nacionalista puertorriqueña. Así mismo, dicho planteamiento de lo cultural se acentúa por la recurrencia de lo sagrado en el *film*. De otra manera, el *film* posee un matiz que podemos entender como religioso. Es razonable entonces que la sacralidad que cuestionamos provenga de dicha religiosidad e impregne el argumento del *film* para dotar el mismo de cierta sobrenaturalidad o misticismo. Se sacralizan las imágenes para que su significado resuene en una conciencia trascendental.

La plusvalía estética de las imágenes del *film* responde al discurso de las políticas culturales estatales de la época, en especial a la visión y propuestas de la División de Educación de la Comunidad o DIVEDCO. Su lógica fue la de incautar e intercambiar el valor de uso, adquisición y práctica de la producción cultural, por un valor moral de lo puertorriqueño que intentaba trascender la problemática social-colonial mediante la revaloración de lo cultural para que sobre ella descansara el sentido de la nacionalidad. No obstante, tal estrategia no rebasó la colonia ni la 'colonialidad', sino que se integró perfectamente a la lógica imperialista de la Guerra Fría.

Aquella lógica comenzaba a empoderar a un sector de la sociedad con un discurso de identidad nacional, amparado el mismo en las elites políticas e intelectuales de la modernidad puertorriqueña. Esta lógica colocaba al recién inaugurado Estado Libre Asociado en una posición enteramente paternalista en torno a lo cultural, ya que busca validar un único discurso nacional-culturalista de dimensiones monolíticas con la intención de reconstruir la nación sobre unas bases culturales *institucionalizadas* por el propio Estado colonial, sin superar ni cuestionar su propio paradigma.

Lo sagrado como elemento fílmico, refuerza aquella ideología cultural-nacionalista presente en el *film*. Es por eso que en este primer capítulo indagaremos sobre lo sagrado desde tres cuestiones principales. Primeramente, abordaremos *la imagen* y cómo ésta es interpelada por la sacralidad inherente en el relato del santero. En segundo lugar, analizaremos la figura del hacedor de santos de palo como personaje, protagonista de sí mismo, en el *film*.

En la tercera y última sección de este capítulo nos damos a la tarea de analizar la sonoridad del *film*. El audio del *film* está constituido por cánticos religiosos, entonces, aprovechamos la oportunidad para extender nuestro análisis de lo sagrado a la musicalidad de la película. Es evidente que la música también cumple con un carácter propio y especifico, esto es, *ambientalizar* lo puesto en escena.

-Lo sagrado en la imagen

En la cultura se ha definido y redefinido lo sagrado en la medida que ha ido evolucionando el pensamiento humano en torno al mundo y las cosas. A lo largo de la existencia de la humanidad hemos ido sacralizando unas cosas y profanando otras. El fenómeno de lo sagrado quizá responda a la necesidad humana de un orden superior a uno mismo. Dicho orden, que podríamos catalogar como divino, sustenta su estructura sagrada mediante un mito. Es decir, el mito se ubica en un tiempo primario; se constituye en un relato del principio de todo. Todo comienza *con* y *desde* este relato; esta es la estructura del relato mitológico ideal que sustenta lo sagrado. Le aplicamos las categorías de sacralidad al origen oscuro y misterioso que tiene algo que consideramos sobrenatural.

Lo sagrado, y el mito como su fundamentación, se ubican sobre el hombre. Dice Ernst Cassirer: "Nos trae la promesa y la perspectiva de un mundo trascendental, situado muy lejos de los límites de nuestra experiencia humana y permanece siendo humana, demasiado humana".[18] Podríamos decir que dicho planteamiento responde a lo anteriormente planteado sobre que lo sagrado es sustentado por una estructura *mito-lógica*[19]. No es racional, pero tampoco es irracional, simplemente no responde al orden de la razón, sino que supera la misma.

También podríamos comprender la cita en términos de paradoja. Esto en el sentido de que mientras el mito se encuentra más allá de los límites de nuestra experiencia, sigue siendo humano, porque significa para nosotros algo más allá de su no-racionalidad. En esta acción de otorgarle sentido trascendental a lo sagrado, el mito se presenta de manera tanto *conceptual* como *perceptual*.[20]

> Si el mito no percibiera el mundo de un modo diferente no podría juzgarlo o interpretarlo en su manera específica [...] la naturaleza en su sentido empírico o científico puede ser definida como la existencia de las cosas en cuanto está determinada por leyes universales. (Kant) Semejante Naturaleza no existe para el mito; su mundo es dramático, de acciones,

---

[18] Cassirer, Ernst. *Antropología Filosófica*. México DF: Fondo de Cultura Económica, 1997. pp. 114.

[19] *Mito-lógica* porque responde a la lógica del mito, y no porque sea propiamente mitológica en su esencia.

[20] *Ibíd*. pp. 119.

de fuerzas, de poderes en pugna. En todo fenómeno de la naturaleza no ve más que la colisión de estos poderes.[21]

Esta lucha, al igual que su origen, es sobrehumana y sobrenatural. No es sino en el monoteísmo, que dicha lucha se articula en el mundo de lo humano mediante fuerzas morales; este es el momento en que los poderes en pugna dejaron de ser sobrenaturales.[22] De esta manera, lo sagrado y lo profano adquieren una nueva dimensión y sentido en la vida del hombre. La connotación divina de lo sagrado, se diluye meramente en su estructura mito-lógica más que en su sobrenaturalidad. Ahora, no sólo el mundo sobrenatural divino es sagrado, sino que mediante la práctica "ética" y "moral" del hombre también éste puede sacralizar diferentes objetos, conductas y prácticas sociales; esto por el contenido, las motivaciones y la finalidad de las mismas.

Lo que es sacralizado por el hombre, aunque ahora desprovisto de divinidad, sigue siendo un *misterioso* objeto de nuestro culto. Esto, porque responde a su estructura de mito para validarse y retener su significado sagrado. Adjudicando este valor y significado trascendental y *misterioso* a las cosas, es una forma por la cual el hombre sacraliza o profana su mundo. Esto no es del todo un acto subjetivo de cada quien, sino que mediante la estructura del pensamiento religioso, también se designan los elementos que constituyen lo sagrado. Estas particularidades que se consideran sagradas en alguna religión conforman lo que conocemos como *el canon* de tal religión.

---

[21] *Ibíd.*

[22] "En las grandes religiones monoteístas tropezamos con un aspecto totalmente distinto de lo divino. Estas religiones son producto de fuerzas morales; se concentran en un solo punto, en el problema del bien y del mal." [...] "El sentido ético ha reemplazado y superado el mágico [...] La traída de los buenos pensamientos, de las buenas palabras y de los buenos hechos tiene la parte capital en esta lucha." *Ibíd.* pp. 152, 154.

Mediante el uso de sistemas simbólicos y lenguaje figurativo, el pensamiento religioso elabora un mundo representacional de lo sagrado, lo santo y lo divino.[23] La condición moral del ser humano puede que sea motivo para que éste se circunscriba, de alguna manera, a la lucha entre el *bien* y el *mal* de una forma pragmática, y en términos generales, lo que define este *bien* y este *mal* son las estructuras religiosas asumidas por cada individuo. Podemos decir entonces que asumir una estructura religiosa es asumir un sistema simbólico particular por el cual mediaremos nuestra experiencia de vida.

En esta mediación simbólica entre el hombre y lo sagrado intervienen las *imágenes*. En este sentido, la sacralidad es un valor añadido a la imagen por un juicio moral correspondiente a una tradición en particular. El hombre sacraliza las imágenes por lo que le representan, según su sistema simbólico-religioso. Las imágenes, y en especial las religiosas son una apertura para su significación trascendental y a la vez un enclaustramiento de su significado.

En el catolicismo, que es el sistema religioso al cual el *film* alude, existe una estructura jerárquica donde las figuras e imágenes de mayor sacralidad, o aquellas que están posicionadas al tope de la jerarquía divina se convierten eventualmente en *íconos*. Lo divino, que es representado por la imagen, permanece en *mysterium tremendum*; es un dogma que no se puede trasgredir y por ello es asumido como una realidad trascendental la cual reduce lo divino a la esencia de la estructura dogmática de la religión. La imagen religiosa, siendo un objeto inanimado, pero lleno de significación, es convertida en objeto sagrado de devoción, culto y fetiche.

---

[23] "El hombre no puede enfrentarse ya con la realidad de un modo inmediato, no puede verla, como si dijéramos, cara a cara. La realidad física parece retroceder a la misma proporción que avanza su actividad simbólica" *Ibíd.* pp. 47-48.

Desde este peculiar carácter de significación mística y sagrada, podemos ver que la imagen propiamente religiosa representa algo que no está ahí realmente, o más bien, que no está presente en ella como tal, sino que es *algo* a lo que la imagen intenta *asemejarse a*.[24] Esto es que, si la imagen *está ahí* como objeto producto de creación artística, su *semejanza a*, es entonces, lo que no está ahí físicamente, o sea, lo sagrado que la imagen evoca y representa.

> It is because an image cannot be seen *as such* without a paradoxical trick of consciousness, an ability to see something as "there" and "not there" at the same time. When a duck responds to a decoy, or when the birds peck at the grapes in the legendary paintings of Zeuxis, they are not seeing images: they are seeing other ducks, or a real grape –the thing themselves, and not images of the thing.[25]

Esto que es invocado por la imagen no está propiamente en ella, sino que es un valor añadido por quien la contemple. Un significado impuesto que responde a la tradición religiosa y a su peculiar sistema representacional simbólico. Dicho significado que le imponemos a la imagen es lo invisible pero palpable y esencial en ella. El mito es la fuente ontológica para que dicha sacralidad *invisible* sea *visible* en la imagen.

En el *film*, el devenir de lo sagrado no es constante, pero como todo relato, tiene sus momentos cumbres. A pesar de esto y valiéndose de las técnicas cinematográficas, la estructura mito-lógica del *film* busca ser válida siempre, en el sentido de que intenta disipar la ambigüedad. Lo narrado es sagrado y lo

---

[24] "Image" is not to be understood as "picture" but as "likeness", a spiritual similarity. It should come as no surprise that a religious tradition obsessed with taboos against graven images and idolatry would want to stress a spiritual, immaterial sense of the notion of images." En: W.J.T. Mitchel. *Iconology: image, text, ideology*. Chicago: The University of Chicago Press, 1987. pp. 31-32.
[25] *Ibid.* pp. 17.

sagrado es lo que narramos, de eso no hay duda. Lo sagrado es el *leitmotiv* en la imagen cinematográfica.

Las imágenes no hablan, mucho menos por sí solas. En la cinematografía las imágenes pueden ser consideradas como la materia prima de un *film*, pero aun así, se necesita llevarlas al acto. La serie de imágenes que compone un *film*, lo hacen mediante la secuenciación narrativa de lo que el texto fílmico desea decir. En este aspecto, destacamos la función del *montaje* y el *mise-en-scène* o lo puesto en escena. Para función de este análisis, quiero resaltar que en el *film*, el uso de estas herramientas se brinda para estructurar un sistema de alusiones que persiguen el mismo sentido, la sacralidad.

Por *montaje*, además de entenderlo como el acto de edición, cortar y pegar, y de crear la sensación de secuencia en las imágenes, debemos ampliar sus límites. Por otro lado, el *mise-en-scène* además de hacer referencia literalmente a lo puesto en escena, responde también a *la puesta en cuadro* y a *la puesta en serie* como sus componentes.[26] Podríamos decir que el montaje tiene un carácter denotativo, mientras que el *mise-en-scène,* connotativo. La reacción que produce el primero es más bien visual y la del segundo, apelante a una idea. Dialécticamente, estas técnicas se trabajan en combinación para crear sentido.

Al principio del *film* la cámara apunta hacia el cielo, luego aparecen los santos tallados. Esta secuencia puede representar que del cielo es de donde desciende lo sagrado que hace tras-

---

[26] "...*puesta en cuadro*... lo que da cuerpo al universo representado en el *film* (objetos, individuos, paisajes, comportamientos, situaciones, etc.) y la manera en que este universo se representa concretamente en la pantalla [...]
puesta en serie... en sentido técnico es unir dos o más imágines consecutivamente, pero esto define "diferentes modalidades de disposición y organización de los 'fragmentos de mundo' que representan los encuadres por separado... en la pantalla aparece un universo compacto, fluido, homogéneo y fácilmente reconocible" En: Casetti, Francesco y Federico di Chio. *Cómo Analizar un Film*. Barcelona: Paidós, 1991. pp. 131-132 y 135-136.

cendentales a los santos de palo. Es un efecto que crea la secuenciación de las imágenes de tal manera para tener cierta connotación.

Uno de los ejemplos más claros de esta dinámica en el *film* lo es el fragmento de la talla del santo de palo. La secuencia se ensambla desde el momento en que don Zoilo sale a buscar el pedazo de madera con el que hará la talla, hasta que el santo de palo ya está terminado. En dicha secuencia se muestra el enorme cuidado de don Zoilo al tallar la madera de donde emergerá un santo. Con una vocación pasional desliza sus rudimentarias herramientas por la superficie de la madera transformándola en un doble carácter; tanto en la *forma*, como en su *contenido*.

Por un lado, vemos como el *montaje* muestra con detenimiento la manera en la que aquel simple pedazo de palo se convierte en un santo. Por el otro, el *mise-en-scène* o 'lo puesto en escena' apela a la transustanciación de lo sagrado, es decir, a la forma en que el santero transmutó con su conocimiento aquel simple pedazo de madera en una imagen divina. Se observa como ambos recursos cinematográficos elaboran significantes revestidos del sentido sagrado recurrente del *film*.

Otro momento cumbre de lo sagrado en el *film* es el fragmento donde don Zoilo se posa frente a la vitrina de la fábrica de santos de yeso. Este peculiar acontecimiento implica la sacralidad, pero es sugerida desde su opuesto, lo profano. En oposición binaria con la devoción creadora del santero Cajigas, este fragmento pone de manifiesto con la irreverencia que se desea presentar en el *film* el proceso de fabricación de los santos de yeso. Tan sólo en el proceso de producción es desconcertantemente incompatible con la devoción creadora del santero Cajigas. De ello interpretamos que este momento en que don Zoilo presencia aquel sacrilegio que allí estaba ocurriendo, casi automáticamente se eleva su don de la talla de santos y su creación aún más; casi como una reacción invertida de sacralidad por profanación. Detallemos un poco las imágenes de dicha secuencia.

Cuando don Zoilo regresa de su fracasada empresa de vender sus santos de madera en la entrada de la iglesia, pasa frente a una fábrica de santos de yeso. Con unas secuencias de imágenes casi surreales se nos presenta la repetitiva tarea de producir los santos modernos, según es presenciada por don Zoilo. En esta secuencia de imágenes se ve a las trabajadoras de la fábrica llenando y vaciando los moldes de santos una y otra vez y sin cuidado alguno, en total incongruencia con el cuidadoso proceso de talla tradicional. Además, muestran todos los cristos, vírgenes y santos acomodados en fila esperando ser horneados, para luego mostrarlos con todo su esplendor ya terminados en la vitrina, exactamente igual a la imagen que dejó atónito a don Zoilo.

La finalidad de las imágenes descritas anteriormente es denigrar y sobretodo profanar la imaginería de yeso, en especial a su escabroso proceso de creación fabril, el cual dicho fragmento del *film* muestra exquisitamente. De otra manera, también se puede interpretar este suceso en el *film* como el encuentro de la tradición con la producción. Con ello, se quiere apelar a que la tradición ya no produce, o al menos no como el modo de producción industrial. Pero más que significar el fin de la tradición de la talla de santos frente a la industria de santos de yeso, esto representa algo así como un nuevo advenimiento de la imaginería popular puertorriqueña. Es en esta esfera en que el *film* da un giro hacia otra dirección.

Luego de presenciar aquel sorprendente evento de la fabricación de los santos de yeso, don Zoilo camina un poco y se sienta en un banco de la plaza del pueblo, mostrándose en su rostro una expresión de profunda tristeza. Mientras observa uno de sus santos, pasan dos jóvenes los que creemos ser estudiantes, pues cargan libros. Estos se detienen para ver las imágenes talladas por don Zoilo y muy entusiasmados éstos le indican que debería llevar sus santos tallados al Museo de Arte y Antropología de la Universidad de Puerto Rico.[27] Al llegar allí éste descubre muchas otras imágenes como la de su creación. El diálogo con la representante del museo tiene como resultado la exposición de una virgen negra que don Zoilo había recién tallado. El museo coloca la obra de Cajigas entre dos vírgenes blancas que ya formaban parte de la muestra que allí se exhibe. El santero Cajigas expresa una inmensa alegría y agradecimiento por el gesto. La cámara hace una toma de la torre de la Universidad de Puerto Rico, luego de un paisaje montañoso también mostrado al principio, finalizando así, esta secuencia fílmica.

Propongo que el *film*, intenta eliminar las ambigüedades de su relato, pero no necesariamente disipa las contradicciones o los saltos en su lógica. El hecho de que el museo reciba los santos de palo de don Zoilo cuando el público ya no los desea comprar, sugiere la alternancia entre altar y museo. La significación trascendental del santo de palo como objeto de culto y devoción divina se profana mediante su estetización como un artefacto *museificado*. Lo cierto es que esta profanación del santo de palo tiene otras implicaciones en el sentido del *film*.

Nos parece que este *tránsito* del altar al museo implica la sacralización del museo como altar cultural e institucional. Más allá de la profanación del santo de palo en el museo, se entiende que lo que sucede en este punto es la resignificación

---

[27] Supongamos que están en Aguada, pueblo natal de don Zoilo, entonces los jóvenes lo envían al museo de la UPR; ¿Cómo fue este a Rio Piedras? ¿Taxi? ¿Carro público? Imposible que sepamos, pero, realmente este gesto no implica traslado alguno, sino que puede obedecer a la idea de un "libre acceso" a la cultura y a la noción de omnipresencia de las instituciones que irrumpen el fluir espacio-temporal de las identidades y su devenir. También es curioso que quienes reconocen el valor 'museológico' de los santos tallados sean *estudiantes*. Ello puede responder a cierto nivel de intelectualismo puertorriqueño que pretendía y aun pretenden dictar patrones culturales como quien dicta patrones de moda.

del artefacto tallado en su nuevo espacio. Este nuevo espacio no es de culto ni devoción, sino de observación, deleite y una superficial identificación simbólica con la cultura nacional, ahora institucionalizada.

El santero, "*apóstol de la cultura, arquetipo del jíbaro puertorriqueño*" le hace una transfusión de su sacralidad al museo como institución. Como resultado de ello, se percibe que el *film* comienza siendo acerca del santero Cajigas y termina proponiendo una oda al museo. En otras palabras, el museo y la talla del santo aparecen como custodios del patrimonio y de la manifestación religiosa del pueblo. La creación artística y sagrada, por su naturaleza, dinámica y espontánea, ahora se congela inerte dentro de los confines del Estado y sus instituciones.

-La transformación del santero Cajigas

El filósofo Mircea Eliade afirmaba que los personajes del mito no son seres humanos, pues el relato del mito *revela* un misterio que el ser humano no hubiera podido conocer por su cuenta.[28] El santero don Zoilo Cajigas y Sotomayor, como signo cinematográfico, lleva la carga mítica de este relato; en este sentido, constituye el acceso a eso divino que se revelará ante nosotros mediante el *film*. Esta revelación ocurre por, y es precisamente para demostrar su sacralidad.

Lo sagrado del santero, protagonista heroico y trágico del *film*, es su vocación de hacer santos, el poseer ese místico don creador de imaginería religiosa. El santero Cajigas, nuestro místico referente de lo sagrado, es algo así como un *hyperícono*[29], o un ícono en sentido doble. Por un lado, funge como

---

[28] *Lo Sagrado y Lo Profano*. Barcelona: Paidós, 1998.
[29] "...hyper-icon" or images in a double sense [...] sites of graphic image-production, as well as verbal or rhetorical images (metaphors, analogies, likenesses) When

artífice y sumo sacerdote de un conocimiento cuasi-mágico, que es un legado de la cultura material puertorriqueña (la talla de palo) y, por el otro, despliega su carácter sagrado al crear objetos de devoción y culto divino. Su creación no es cualquiera, se trata de un santo. *Así se explica que su nombre no sea tallador ni escultor, sino santero.*

Con esta doble referencia a su oficio es que el santero se ha conservado en el imaginario cultural puertorriqueño. En la entidad del santero se consolida el devenir de una expresión cultural material y una expresión trascendental divina.

Este hecho de que don Zoilo sea un *hyper-ícono*, toma una manifestación predominantemente cinematográfica, pues se sustituye el artificio del trabajo actoral profesional, por el artificio del trabajo o vocación del realizador-actante, siendo sí mismo quien se presenta en el *film*. En otras palabras, ya que a quien se desea presentar en el *film* es al santero, no se contrata a ningún actor para que re-presente al santero, sino que se elige al santero mismo. Esto sugiere que se le tenga cierta predilección o que se valore más a la personalidad del santero en el mundo real, que a cualquier representación artística que se pueda hacer de éste. Pero es muy curioso que, aún don Zoilo protagonizándose a sí mismo, la acción continúa dentro de una esfera representativa, pues don Zoilo no está siendo él mismo en el film, sino representándose así mismo.

En el *film,* el santero es un asceta; un estricto y solitario hombre de austera vida espiritual. Recluido en su casa/taller entre la espesa flora de los campos puertorriqueños, don Zoilo es *uno*, es un sólo personaje, es *él.* Se consolida como *unidad psicológica* en el *film,* por su *modo de ser* en la 'realidad'. De esta manera se transforma en la única figura cinematográfica

---

we speak of them as "images", then, it is important to keep in mind that we are using the term to refer (I) to the use of these objects as concrete vehicles in metaphoric treatment of abstraction, and (2) to objects which themselves are graphic images or producers of images." En: *Iconology: image, text, ideology.* Chicago: The University of Chicago Press, 1987. pp. 162.

que conforma un todo *indivisible*, un único signo. El santero, como único *signo* fílmico se adhiere simultáneamente a los tres órdenes descritos por el filósofo C. S. Peirce; los cuales posteriormente Peter Wollen aplicó a los *Film Studies*. Hablamos aquí de la tripartición del *ícono, el índice* y *el símbolo*.[30]

Sobre el ícono, Wollen sustenta que éste es: "a sign in which the signifier represents the signifier mainly by its similarity to it, its likeness".[31] En este sentido, el santero es interpretado por un santero; ¡que más parecido al santero Cajigas que el mismo santero don Zoilo Cajigas! Para este análisis, esto resulta algo problemático, ya que como mencionamos anteriormente, la cuestión del realizador-actante nos arroja hacia la pregunta de ¿quién es el personaje, don Zoilo o la representación que hace don Zoilo de sí mismo?

En este sentido formal del concepto ícono, pareciera que el hecho de que don Zoilo protagonice su propia persona es un intento de explotación del propio concepto ícono; ya que no sólo se busca una similitud o parecido, sino que parece apuntar a la *apropiación* de aquello a lo que se desea asimilarse. En este caso no necesariamente es apropiación, pues don Zoilo ya es don Zoilo, pero entonces, sería algo así como una meta-afirmación. Esto, porque don Zoilo es don Zoilo, sin embargo, encarnando su propio personaje no puede "parecer que" quiere imitarse a sí mismo, tampoco puede ser sí mismo, o sea que, lo único posible para él es actuar "como si" él fuera él.

> Así surge una curiosa paradoja. La imagen del hombre en la pantalla se aproxima a la imagen real y está orientada de manera consciente a rehuir lo teatral, lo artificial. Al mismo tiempo, esta imagen —mucho más que en teatro y que en las artes figurativas- es semiótica, está cargada de significaciones secundarias, se presenta ante nosotros como un signo o como

---

[30] Según citado en: Monaco, James. *How to Read a Film*. New York: Oxford University Press, 2009. pp. 184.

[31] *Ibid*. pp. 184.

una cadena de signos, que soportan un complejo sistema de sentidos complementarios.[32]

La conceptualización del hiperrealismo de la simulación[33], constituye una posibilidad interpretativa de estas relaciones. El alucinante simulacro de lo real no es más que el luto de eso que se intenta mantener vivo como lo real. Pues la realidad es que el santero se representa a sí mismo en el *film*, no por el hecho de enaltecer su personaje o solamente por afianzar ese doble carácter del *ícono*, sino como muestra de auto-conservación ante el desvanecimiento de sí mismo en la sociedad del Puerto Rico de la época. El santero metaforiza una misa de cuerpo presente, donde no se le reza a eso que está ahí, es decir, que es el cuerpo muerto, sino se recrea lo que fue en vida. En otras palabras, lo que ese cuerpo muerto fue en otro tiempo y que de ahora en adelante será simulado.

En el orden de la simulación, a diferencia de la representación, los referentes se disuelven en el simulacro mismo. No hay realidad que representar, lo real es el simulacro.[34] Como el *film* no es un documental, su nivel de actuación o representación del personaje es uno que, al hacerlo, liquida su propio significado para adentrarse en la lógica de la simulación de sí mismo.

---

[32] Lotman, Yuri. *Estética y Semiótica del Cine*. Barcelona: Editorial Gustavo Gili, S.A., 1979. pp. 120.

[33] Esto es que, lo simulado ansía tanta credibilidad que para ser creíble termina siendo más real que aquello mismo que se quería simular.

[34] "By crossing into a space whose curvature is no longer that of the real, nor that of truth, the era of simulation is inaugurated by a liquidation of all referentials - worse: with their artificial resurrection in the systems of signs, a material more malleable than meaning, in that it lends itself to all systems of equivalences, to all binary oppositions, to all combinatory algebra. It is no longer a question of imitation, nor duplication, nor even parody. It is a question of substituting the signs of the real for the real, that is to say of an operation of deterring every real process via its operational double, a programmatic, metastable, perfectly descriptive machine that offers all the signs of the real and shortcircuits all its vicissitudes." En: Baudrillard, Jean. *Simulacra and Simulation*, (Trad. Sheila Faria Glaser) 1995. pp. 3-4.

Podemos argumentar que la simulación va dirigida a encausar una nueva percepción del proceso que el *film* plantea. Es decir, el acto de despojar todo valor de uso a un artefacto, para enclaustrarlo en una estética superflua, que sostenga ideológicamente un discurso de identidad cultural nacionalista. La figura del santero Cajigas triunfa en este proceso por la simulación de sí mismo y no por sobrevivir al proceso de industrialización que deviene culturalmente.

Continuando con la triada del signo, Wollen sostiene que el signo *índice*: "measures a quality not because it is identical to it but because it has an inherent relationship to it".[35] Decimos, pues, que esta relación índice es entre el santero y el elemento de lo sagrado en el *film*. El santero Cajigas en sí mismo, no es un ser sobrenatural, sino su relación inherente con lo transcendental se establece a través de su conocimiento místico de crear santos. Esta *relación inherente* es lo que constituye el don divino de la talla de santos. Ontológicamente, la sacralidad de don Zoilo deviene a través de su creación. Justamente este devenir de lo sagrado en el santero es lo que lo convierte en índice de la existencia y presencia de lo sagrado en el *film*.

En el ejercicio de su vocación, la sacralidad deviene en don Zoilo desde el momento en que éste sale a escoger cuidadosamente la madera con la que trabajará su talla. El conocimiento milenario del santero Cajigas constituye el elemento esencial que transformará aquel simple pedazo de manera en una compleja imagen religiosa remitente a lo sagrado. La sacralidad inherente del santero produce la *transustanciación* de la madera a objeto de culto divino. El objeto material creado por don Zoilo es sagrado, en primer lugar, por su significado y su simbolismo religioso. En segundo lugar, el santo de palo representa un objeto sagrado para la cultura puertorriqueña. Por ello, el museo se abre al reconocimiento estético y cultural del

---

[35] How to Read a Film. pp. 184.

santo de palo en este segundo tipo de sacralidad. El reconocimiento de la creación del santero Cajigas lo sitúa privilegiadamente como místico creador, tanto en la iconografía popular puertorriqueña, como en la imaginería religiosa.

En cuanto a nuestra tercera categoria de signo tenemos al *símbolo*, el cual wollen describe como:

> ...an arbitrary sign in which the signifier has neither a direct nor an indexical relationship to de signifier, but rather represents it through convention.[36]

De tal manera, don Zoilo es creador de un *símbolo* de puertorriqueñidad trascendental, ancestral y la más pura. Una puertorriqueñidad pre-moderna de la que el *film* nos muestra su ocaso y su nueva dinámica.[37] Esta propuesta del *film* nos inclina a que percibamos al santero Cajigas como un personaje *típico* del interior montañoso del país, a saber, el jíbaro. Al identificar al santero con un jíbaro se emplea el imaginario social puertorriqueño que remite lo puro y original al interior de la isla de una manera romántica. Desde esta perspectiva, entendemos los tiros de cámara a las emblemáticas montañas del principio y fin del *film*. Así mismo, el hecho que por esta convención se le otorgue cierto significado a un signo -que es el santero- demuestra la ausencia de cuestionamiento en torno a su referente. Por lo tanto, lo que es considerado como convencional es aceptado sin ninguna objeción. Esto demuestra que lo único convencional en ello es la aceptación de dicho significado, la ausencia de cuestionamiento. Y viéndolo desde un

---

[36] *Ibid.* pp. 184.

[37] Los santos de palo pasaron de ser objetos de culto religioso a objetos artesanales de gran demanda en el mercado de las artesanías puertorriqueñas. Es conocido de todos los puertorriqueños la fama que tienen los mismos en las ferias de artesanía y el alto costo en que fluctúan las piezas. La llegada al museo representó también la eventual llegada de los santos al alucinante y feroz mercado de obras de arte.

enfoque artístico, podemos afirmar que dicho acto es la estetización de lo convencional, de lo que se entiende como cotidiano. De esta manera, el arbitrario exaltamiento estético de esta cotidianidad (la del *film*) equivale a la ausencia de cuestionamiento en torno a lo que caracteriza y representa lo convencional.

El problema con elevar a niveles estéticos la cotidianidad es que como toda exacerbación estética, hay una ideología que activamente sustenta los juicios y criterios a los cuales son sometidos, y sobre todo los valores que se le otorga a dicha cotidianidad. En este caso, una forja de identidad nacional-cultural simbolizada en la subjetividad de lo que le ocurre a don Zoilo en el *film*. No se niega la posibilidad real de que unas prácticas sociales y, sobre todo, de consumo hayan desplazado la vocación de la imaginería popular en Puerto Rico para convertirse en una producción masificada.

Lo que se plantea es que el *film* explota la peculiaridad de este *(pseudo)* evento para enmarcar el propósito de unos procesos de institucionalización por parte del Estado. En síntesis, la estrategia aquí fue revestir la narrativa con la sacralidad y misticismo inherente en la personalidad del santero Cajigas para así mitificar el relato, y con ello, el *film*.

-Lo sonoro: metáfora de atmosfera

El componente sonoro en la cinematografía juega un papel importantísimo ya que el mismo se configura como marcas enunciativas dentro del texto fílmico. Es decir, los *códigos sonoros* actúan como refuerzo connotativo a las imágenes que componen nuestra experiencia cinematográfica. Muchas veces la musicalidad de un *film* nos hace viajar a través de las múltiples y hasta contradictorias emociones que el mismo puede generar en nosotros. Como espectadores, podemos asumir diferentes actitudes en torno al efecto y emoción que crea en nosotros lo sonoro de un *film*. A saber, podríamos percibir el sonido de manera *casual* (para informarse), *semántica* (para interpretar) o de manera *reducida* (como objeto de observación que convierte al propio sonido en protagonista por sus matices, timbres, entonación, aspectos emocionales o estéticos).[38]

Como espectador/analista me inclino por dicha *reducción* y propongo que el objeto sonoro en el *film* son los cantos religiosos que interpreta el coro.[39] Este hecho vincula la sacralidad que analizamos de una manera directa con el contenido y naturaleza del mismo. Pero si bien nuestro interés es por lo sagrado de la musicalidad, también es interpretativo (semántico), esto porque buscamos esbozar y analizar algunas emociones e ideas que provocan dichos cánticos religiosos en sagrada unión con la imagen.

El sonido, o la musicalidad cinematográfica, logran generar un efecto naturalizador muy particular, en el sentido de que el mismo genera un ambiente traducible a un estado de ánimo. Por el estado de ánimo generado en torno al *film*, ubicamos dicho efecto dentro de la categoría de lo sagrado que analizamos. Conceptualizar este efecto *naturalizador* como uno homogeneizador, sobrepasa su sentido técnico del fluir continuo de la unidad imagen-sonido como un todo significante. Me interesa principalmente el efecto atmosférico que tiene la naturalidad homogeneizadora del sonido en el *film*; a cómo éste dota las imágenes de cierto *ambiente* sacro. La sacralidad que por su naturaleza aporta la música coral con sus cánticos religiosos, tiene el efecto de crear o metaforizar una atmosfera de

---

[38] Gómez Tarín, Francisco J. *El análisis del texto fílmico*. Biblioteca on-line de ciências da comunicação. pp. 103-104. Disponible en: http://www.bocc.ubi.pt/pag/tarin-francisco-el-analisis-del-texto-filmico.pdf
[39] El Coro de la Universidad de Puerto Rico bajo la dirección de Augusto Rodríguez. Créditos en el rodaje: *Edición Musical: Augusto Rodríguez, Grabación Coral: Héctor Moll, Montaje Sonoro: Reginaldo Rivera.*

la cual permea lo sagrado a la imagen. Encones, la musicalidad del *film* crea o más bien refuerza el ambiente sagrado tanto en algunas secuencias específicas del *film,* como en su totalidad textual. Lo que me dispongo a exponer es el cómo la musicalidad, con su efecto naturalizador, consolida lo sagrado dentro de la semiósfera[40] del *film*; además, la capacidad que tiene el sonido como marca enunciativa para acentuar ciertos momentos cumbres de sacralidad dentro del drama.

La musicalidad del *film* está a cargo del coro de la Universidad de Puerto Rico, ente que no está físicamente presente ni tiene nada que ver con el espacio de la historia en la película. A este tipo de sonido se le conoce como uno *no-diegético*, ya que su origen está fuera del *film*.[41] En *Santero*, esta es la clase de sonido que predomina, pero antes de entrar de lleno en dicho análisis, discutiré una secuencia donde el sonido principal es todo lo contrario. A la secuencia que me refiero es cuando don Zoilo comienza a tocar su tiple. Al tipo de sonido que se emplea en esta secuencia se le conoce como uno *diegético*, ya que: "la fuente está presente en el espacio de la peripecia representada".[42]

Al momento en que don Zoilo acaba con los últimos detalles de su virgen tallada, la coloca en lo que parece ser un pequeño altar donde descansan otras figuras religiosas junto a velas encendidas. Luego de esto, don Zoilo toma su tiple y procede a tocar con gran entusiasmo sentado en su hamaca. Mientras esto sucede, el sonido del coro se va desvaneciendo (hace un *fade-out*) para que el sonido del tiple doliente se destaque.[43]

---

[40] Referente a atmósfera o ambiente de sentido.

[41] *Cómo Analizar un Film.* pp. 99

[42] *Ibíd.*

[43] "Existían muchos tiples diferentes, pero para efectos de estudio, se pueden clasificar en tres clases principales: los requintos, los dolientes y los grandes o tiplones [...] Los estudiosos del tiple han escogido al doliente como el instrumento representativo del tiple puertorriqueño, ya que es el más conocido, tiene tamaño intermedio y sus cinco cuerdas proporcionan mayor potencialidad." En: http://www.enciclopediapr.org/esp/article.cfm?ref=08072902

A mi juicio, ese toque del tiple funciona como una bendición, en la cual la música que toca don Zoilo unge a la virgen tallada.

Este fragmento de escena tiene el efecto de poetizar visualmente el acto de una bendición, utilizando como recurso audiovisual para ello lo lúdico de la música.[44]

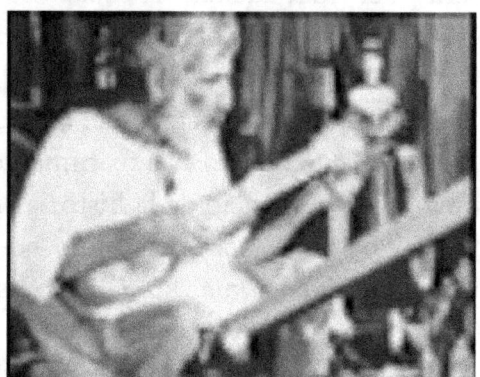

Don Zoilo venerando sus imágenes a través de la melodía de su tiple doliente.

Durante el resto del *film*, el continuo sonoro que acompañará las imágenes serán los cantos religiosos. La ejecución de las piezas por parte del coro, lleva al espectador flotando a través de una espesa niebla de sacralidad; su propia densidad queda determinada o marcada por la connotación específica que resulta de una marca enunciativa de sonoridad con una imagen particular.[45]

El uso de bandas sonoras como elemento musical en los *films*, usualmente es no-diegético. No obstante, en la medida

---

[44] El santero Cajigas también era músico y fabricador de instrumentos musicales, quizá sea por esto que se recurre a la música del tiple -como instancia psicológica de don Zoilo- para apelar a un estado de pureza 'natural' mediante su melodía y ejecución.

[45] Los cánticos son: *Alleluia* (Randall Thompson), *Adoramus te Christe* (Palestrina), *Agnus dei* (Francis Poulenc), *kyrie eleison* (Folclore Puerto Rico), *Jesucristo es tu solo rescate* (Augusto Rodríguez), *Cantigas de Santa María* (Alfonso X "el sabio"), *kyrie eleison* (Augusto Rodríguez), *Tenebrae Factae Sunt* (Palestrina), según aparecen los mismos en los créditos del *film*.

que se entabla una significación particular entre la sonoridad y las imágenes, cargan de sentido las mismas mediante su valor connotativo. Aunque la fuente sonora, el coro, no participa en la construcción del mundo diegético en el *film* (lo que está en la pantalla), si pueden producir o generar sentimientos ligados a este. En síntesis, las funciones dramáticas y estéticas del sonido pueden ser:

1) ilustrar o dotar de una determinada atmósfera a una situación dramática

2) estructurar el montaje audiovisual para la consecución de una mayor continuidad

3) actuar sobre la imagen para conseguir un efecto de pleonasmo o de contrapunto

4) producir instancias para la identificación o el reconocimiento, sobre todo cuando se utiliza como *leit-motiv*.[46]

La pieza que suena tanto al comienzo como al final del *film*, es un Alleluia.[47] En la tradición cristiana, el Alleluia o Aleluya es una expresión de júbilo proveniente del hebreo *Halleluiah*. Dentro de la liturgia católica, es también un canto de alegría. No obstante, este cántico es particularmente lúgubre y triste en el *film*, contrario a lo tradicional. El compositor de dicha pieza le atribuye su tristeza al hecho que se vio influenciado grandemente por la Segunda Guerra Mundial y sus sentimientos hacia la misma. En una entrevista él mismo comenta:

---

[46] (Aumont y Marie, 2001: 139) * Según citado en: *El análisis del texto fílmico*. pp. 112.
[47] Pieza compuesta en el año 1940 por Randall Thompson (1899-1984).

"*The music in my particular Alleluia cannot be made to sound joyous…here it is comparable to the Book of Job, where it is written, 'The Lord gave and the Lord has taken away. Blessed be the name of the Lord.'*"[48]

La selección de tal pieza para el repertorio del *film,* quizá intente capturar ambas esencias del Alleluia aquí expuestas. Por un lado su júbilo tradicional, y por el otro, la tristeza específica que refleja la pieza de Thompson. En este sentido, el *film* provoca sentimientos opuestamente encontrados. Podríamos argumentar sobre lo ambiguo del relato en términos de gozo / tristeza que genera el mismo. Lo que el *film* relata –el reconocimiento del valor histórico y cultural de los santos de madera por parte del museo- es digno de alabanza, de un Alleluia, pero aun así provoca cierta angustia. En el mismo, vemos como el modo de vida del santero –su quehacer activo en la cultura popular puertorriqueña- es desplazado por una función mucho más pasiva y hasta inmóvil.

Dentro del museo se custodia la creación de don Zoilo, ya no como objeto de culto, sino como un artefacto museificable. Claro está, que aun retiene algún valor y es por ello que el museo lo acoge, pero sabemos que dicho valor ya no es el mismo. Si bien la vocación de la santería era vista como un don divino y una manifestación material de lo trascendental, y también complacía unas necesidades de práctica y culto religioso en la sociedad, entonces, el *film* muestra como este carácter místico del santo de palo es dejado atrás por un valor pragmáticamente museológico y cultural. Hecho que nos evoca nuevamente la frase dicha por Thompson: *'The Lord gave and the Lord has taken away."*

Otra pieza que por su recurrencia en el *film* también la analizamos con especial atención, son los *Kyrie eleison.* Este canto

---

[48] Forbes, Elliot. Randall Thompson: "Brief life of a choral composer: 1899-1984". *Harvard Magazine*, Julo-Agosto 2001. En: http://harvardmagazine.com/2001/07/randall-thompson.html.

proviene del griego y significa "Señor ten piedad". Se utiliza en las liturgias para destacar el amor a Dios. La expresión es una muy antigua, incluso pre-cristiana; *Kyrios* (Señor) designa al que manda, al que tiene legítimo poder sobre alguien o algo. Ya en el Viejo Testamento se le comienza a designar a Yahvéh como *Señor* por ser el creador del cielo y tierra (Gén. I,I), creador de su pueblo (Is 43, I.21)...

De este modo, se le sustituyó el nombre a Yahvéh con el título real *Adonai* y *Kyrios* en griego.[49] Entonces, *eleison* es la súplica de clemencia, de piedad. Más allá de esta típica connotación religiosa, el acto de pedir clemencia o misericordia implica la aceptación y señorío del otro dominante al que se le suplica. Haciendo referencia al pensamiento de Nietzsche, esto sería como la moral del esclavo, porque dota de poderío a aquel que se le pide por piedad y clemencia. Y no tan sólo es el hecho de reconocerse como inferior lo que mantiene a uno sobre otro, sino la humillación que implica el acto de suplicar y rendir pleitesía.

A mi juicio, el *Kyrie eleison* más dramático es en el frustrado intento de don Zoilo de vender sus imágenes a los feligreses de la iglesia. Este momento constituye una súplica (*eleison*) para que compren sus santos, que a la vez sugiere una súplica por su propia salvación. Ninguno de los feligreses de la iglesia se digna a comprar una de las tallas de don Zoilo. En consecuencia, el museo, al ser el único que le responde al santero Cajigas, se presenta en el *film* como ente salvador de éste y su obra. Ello le consagra un poder cultural al museo que se manifiesta en forma de bondad compasiva mediante el gesto de adquirir las imágenes talladas por don Zoilo.

---

[49] Negrón Hernández, Luis R. *Kyrie eléison, Christe eléison: Origen histórico, significado, uso en la liturgia. Puerto Rico en Breve* En: http://www.preb.com/amen/kyrie.htm.

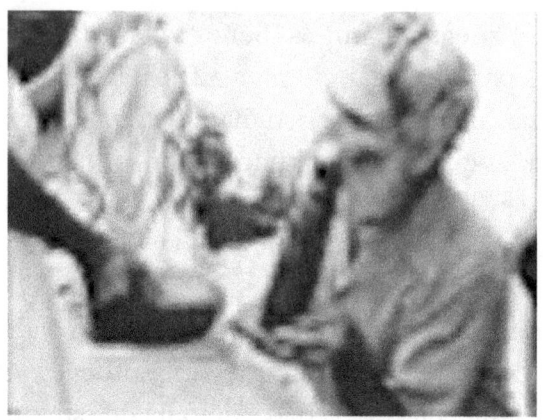

Don Zoilo comparando una de sus imágenes con una hecha de yeso que llevaba una mujer hacia la iglesia.

Cansado por la futilidad del intento de vender sus piezas talladas, don Zoilo se retira de los predios de la iglesia para continuar en su tarea del negocio divino. Entonces se escucha un repique de campana; es el momento en que don Zoilo tendrá su epifanía ante los santos de yeso y su origen *profano*. Al sonar de las campanas, don Zoilo deja de ofrecer sus santos de palo para la venta, y ya frustrado se retira. En su caminar, el santero llega frente a una vitrina donde se exhiben imágenes religiosas hechas en yeso; las hay de todos tamaños, estilos y colores. Los objetos en exhibición tienen las mismas terminaciones y los colores brillantes que exhibe la imagen que cargaba aquella mujer que entraba a la iglesia.

Esta secuencia funciona como una marca del *leit-motif* de lo sagrado en el *film*, a saber, el sonido de las campanas anuncia la inminencia de algo cuyas proporciones son trascendentales. Sugerimos que esta secuencia fílmica representa el preludio de un hecho fundamental, a saber, don Zoilo descubre la fabricación de los santos en yeso. El cineasta maneja dialécticamente esta escena. Por un lado, esta secuencia se nutre de dicho efecto de lo sagrado en sentido invertido. El hecho de presentar lo repetitivo y descuidado del proceso, eleva aún más la obra del santero.

Por otro lado, aumenta la nostalgia de que dicha vacuidad de los santos de yeso sea la nueva norma de culto moderno. El gran contraste que tienen entre sí, ambas secuencias donde son fabricados los santos, también atestigua sobre ello. El proceso de creación que lleva a cabo don Zoilo comprende casi la mitad del *film*, versus los treinta y cuatro (00:34) segundos de duración que tiene la secuencia de la fabricación de las imágenes de yeso. Ello demuestra que, a juzgar por el tiempo en pantalla, el interés cinematográfico recae en la talla de madera, logrando que la fabricación de los santos de yeso quede rezagada en un segundo plano.

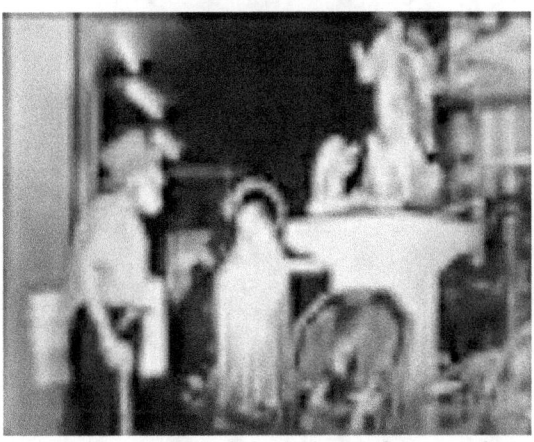

Don Zoilo contemplando las imágenes de yeso en la vitrina.

Esta vacuidad, ese vacío también se *escucha* representado en el eco que posee el audio durante la secuencia de fabricación de los santos de yeso. Se dramatiza el vacío en el eco. Es interesante esto porque el eco es algo abstracto, es un fenómeno acústico, que es difícil ubicar tanto dentro como fuera del *film.* No obstante, podríamos decir que, en el *film,* el eco proviene del vacío físico de la figura de yeso hueca. Sin embargo, el eco aludido es completamente poético en el sentido que representa el devenir de ciertas prácticas socioculturales que son interpre-

tadas y representadas en el *film* como banales, vacías y desvir-
tuadas de esencia. Por otro lado, el eco es alegórico respecto al
culto a lo moderno, que es esencialmente vacío. Así, la tradición que encarna don Zoilo se desvanece en dicho vacío para
subsistir fantasmagóricamente en los ecos de tal vacuidad.

IDEOLOGÍA

Film is the meeting place of cinema
and many other elements
that are not specifically cinematic
-Michel Marie

El concepto ideología se ha desarrollado en una gran variedad de acepciones. Para propósitos de este trabajo expondremos tentativamente ciertos criterios de carácter homogéneo con el fin de llegar a una organicidad conceptual en términos teóricos y hermenéuticos. Son teóricos en el sentido de que expondré lo que entiendo como ideológico en el *film*, y hermenéuticos porque mediante el ejercicio interpretativo corroboramos y, a la vez, adquirimos tales concepciones teóricas para nuestro análisis.

"La omnipotencia de las ideas es una de las muchas ilusiones que este mundo produce a escala masiva"[50], y es por ello que le prestamos especial atención al cómo se manifiesta el conocimiento sobre algo a partir de tal *ilusión.* No me refiero aquí al conocimiento en su estricto carácter gnoseológico, sino más bien a cómo este conocimiento construye socialmente una realidad. Desde esta vertiente, más característica de la *sociología del conocimiento*, se denota un interés por todo aquel proceso en el que algún sistema de conocimiento se establece socialmente como real.[51]

Este proceso de validación de las ideas con el mundo exterior, proceso que podemos denominar como realidad, no ocurre al vacío, como si nada lo motivase. Podríamos argumentar que tales motivaciones o intereses pueden ser algo así como

---

[50] Bauman, Zygmunt. *En Busca de la Política.* (Trad. Mirta Rosenberg) México DF: Fondo de Cultura Económica, 2002. pp. 121.

[51] Véase: Berger, Peter L. and Thomas Luckmann. *The Social Construction of Reality: a treatise in the sociology of knowledge.* New York: Anchor Books, 1966.

"preconcepciones" sin las cuales sería imposible reconocer y relacionarse con las cosas del mundo. Estas preconcepciones funcionan como prejuicios que van guiando nuestro conocer de las cosas. Dicho guiar es (¿inconscientemente?) intencionado a la vez que se manifiesta implícita o explícitamente en prácticas sociales y culturales.

> Se les ha dado el nombre de "ideología" a los marcos cognitivos que permiten que diversas zonas de experiencia humana ocupen un lugar y cobren una forma dentro de una estructura reconocible y significativa. Estos marcos son condiciones del conocimiento, pero no forman parte de él; rara vez se reflexiona sobre ellos, o se los enuncia o se los analiza con mirada objetiva, "desde afuera.[52]

En este sentido, la experiencia impregna un matiz peculiar a lo ideológico que hace que éste se muestre como una forma de operar en el mundo y la sociedad. Esta manera de operar en el mundo, ejecutada predeterminadamente es lo que constituye en esencia, lo ideológico. Aun así, el ver de esta manera lo ideológico, apenas muestra su carácter conflictivo. No es hasta que esta forma de operar, o esta visión de mundo es propuesta mediante la tradición, que sale a flote algún intento o forma de legitimación discursiva. En el *film*, esto se muestra en la manera de ser del santero. Su ser deviene tanto en su persona como en las imágenes que talla. La forma de operar del santero Cajigas expresa su puertorriqueñidad. Se trata, pues, del dramatismo que en él devenga la tradición. El saber del santero - la talla de santos- es algo real, algo culturalmente tangible porque está sustentada *significativa* y *discursivamente* por la tradición. La tradición es aquí el medio *par exellence* en el cual deviene el valor de lo cultural y se intercambian sus signos por ideas.

---

[52] *En Busca de la Política.* pp. 127-128

Todas aquellas ideas -o imaginario- donde descansan los referentes de los signos manejados en el *film*, provienen de una visión de la tradición en particular, a saber, la del nacionalismo cultural puertorriqueño. Es por ello que la idea en torno a lo puertorriqueño en el *film*, se sustenta mediante una estética particular. Desde esta perspectiva, la estética no se aleja de su usual relación con lo bello, sino que le añade otra dimensión; lo que es bello, también lo es porque se entiende. Esto es, la bella sensación de entender algo. Eso que se entiende es entendido porque quien entiende se sitúa dentro de la tradición que históricamente ha producido los signos y el valor estético de aquello que significa. "La estética no se basa sólo en *lo que se ve* sino también en *lo que se sabe*".[53]

Reiteramos que, este intercambio de signos por significados se hace desde una realidad socialmente contextualizada, no obstante, la pertenencia y el sentido de integración a la tradición es lo que permite el acceso a dicha realidad. La visión de que la realidad social es un producto de la tradición, que se posibilita por el cúmulo de conocimiento histórico accesible en la sociedad misma, arma de autoridad al discurso tradicionalista. Con ello se suplanta lo ideológico por un reclamo más historicista, en donde la historia y su discurso trabajan en función de legitimar la tradición. [54]

La tradición:

> ...nos empuja a creer que el pasado condiciona nuestro presente; sin embargo, predice (e impulsa) nuestros esfuerzos

---

[53] Lagorio, Carlos. *Cultura Sin Sujeto: El dominio de la imagen en la posmodernidad.* Buenos Aires: Editorial Biblos, 1998. pp.18.

[54] "Se trata del momento en que la historia, concebida como el relato intelectivo unificador de la experiencia, se ofrece como el santuario protector de lo nacional frente al propio efecto corrosivo de la crítica de la ideología." En: Torrecilla, Arturo. *La Ansiedad de Ser Puertorriqueño: Etnoespectáculo e hiperviolencia en la modernidad líquida.* San Juan: Ediciones Vértigo, 2004. pp. 72

presentes y futuros por construir un "pasado" con el que ne-
cesitamos o deseamos estar comprometidos.[55]

Este pasado es construido históricamente y acentúa el aspecto de la tradición como *cosa* construida o fabricada que nos
mueve activamente hacia unas prácticas, conductas y condiciones históricas específicas. Citemos brevemente a Eric Hobsbawn en torno a la invención de la tradición.

> 'Invented tradition' is taken to mean a set of practices, nor-
> mally governed by overtly or tacitly accepted rules and of a
> ritual of symbolic nature, which seek to inculcate certain val-
> ues and norms of behavior by repetition, which automati-
> cally implies continuity with the past. In fact, where possible,
> they normally attempt to establish continuity with a suitable
> historic past. [...] It is clear that plenty of political institu-
> tions, ideological movements and groups –not least in nation-
> alism- were so unprecedented that even historic continuity
> had to be invented, for example by creating an ancient past
> beyond effective historical continuity, either by semi-fic-
> tion.[56]

La tradición tiene una función ideológica en tanto agrupa,
organiza, ordena y orienta un pasado (reconstruido) hacia los
intereses de un presente y un futuro (imaginado). Reiteramos
que la reconstrucción histórica del pasado termina siendo verdadera, esto es que el pasado termina siendo real, porque la
tradición valida y justifica ese conocimiento histórico que la
sociedad tiene sobre sí misma y es la que le designa la importancia a ese conocimiento histórico en el presente y futuro. Las
sociedades tradicionales se inclinan por ciertas prácticas dis-
cursivas que de alguna manera se relacionan a ese pasado reconstruido específicamente para servir dicha función. En el

---

[55] *En Busca de la Política*. pp. 141
[56] Hobsbawn, Eric. "Introduction: Inventing Traditions". En: *The Invention of Tradition*. Cambridge: Cambridge University Press, 2004. pp.1,7

film, ideología, tradición e historia están en función del drama cinematográfico siguiendo esa misma lógica. La irrupción de las imágenes fabricadas en yeso no es más que la negación de lo que la imagen tallada en madera representa. Si por un lado está la ideología, la tradición y la historia sustentando la autenticidad del santo de palo, por el otro lado está la imagen fabricada en yeso como representación y símbolo de su antítesis, esto es, lo moderno.

-Estetización de lo convencional

¿Qué ver en el *film*? Esta es una pregunta cuya respuesta es adelantada al principio de la película. Me refiero a la introducción hablada que posee *Santero.* El espectador percibe el *film* como un todo textual, a la vez que somete el mismo a un proceso de interpretación general, en el cual se elabora un panorama de interpretación global. Este panorama de interpretación global no es como un simple resumen del *film,* tampoco cumple la función de un *abstract* o *preview* del mismo. Más bien se proyecta como una actitud hacia lo narrado por el *film.* Claro está que cualquier actitud hacia el *film* reflejará siempre una ideología, especialmente porque desde el *film* mismo se exige una actitud peculiar para el goce de éste.[57] Considero importante analizar el recurso cinematográfico que constituye la introducción hablada del *film* -como una exigencia- para así orientar el concepto de ideología por el camino apropiado para nuestro análisis.

La introducción del *film* lee como sigue:

En los campos de Puerto Rico aún se alberga una de las tradiciones más sinceras del fervor religioso de nuestro pueblo, la

---

[57] "Llamo *exigencia* a aquello que es inexcusable para que las funciones se realicen". En: Tierno-Galván, Enrique. *La Realidad Como Resultado.* Rio Piedras: Ediciones La Torre, 1966. pp. 99.

imaginería popular. Esta vieja manifestación de nuestro arte folclórico se inicia durante los primeros años de la conquista, cuando ante la dificultad de obtener de España las imágenes religiosas necesarias para la devoción y el culto, se comienzan a tallar estas en las duras maderas de nuestros bosques. Desde hace más de 400 años, el santero, el místico campesino hacedor de santos ha sido uno de los personajes más interesantes de nuestros campos. Aunque el santero aún se mantiene fiel a la vieja tradición artística que le legaran los misioneros de la conquista, y sus santos nos hacen recordar la imaginería española de aquella época, el tipo de nuestros campesinos y el colorido de los campos puertorriqueños han matizado los modelos tradicionales creando una nueva concepción artística.

No obstante, la imaginería popular puertorriqueña comienza a ser hoy un arte del pasado, ya que la fabricación de imágenes religiosas ha dejado de ser una artesanía para convertirse en una industria y el santero de ayer, con sus primitivas herramientas, no puede tallar las duras maderas con la misma rapidez y eficiencia con que se hacen hoy las imágenes de yeso. A nuestros santeros se les hace muy difícil competir con la producción en masa de imágenes fabricadas con yeso, de rostros exóticos y cabellos rubios que invaden los altares en nuestras casas e iglesias. Las imágenes tradicionales de nuestros santeros han ido perdiendo poco a poco el sitial que les correspondía en los altares para conquistar una nueva función, esta vez como manifestación sincera del arte popular puertorriqueño.

En el poblado de Aguada, cerca de las ruinas de la antigua Ermita del Espinar, vive uno de los últimos representantes de esta tradición artística, el santero don Zoilo Cajigas y Sotomayor, quien a pesar de su avanzada edad, continua dedicado a su místico oficio. A Don Zoilo, protagonista de esta historia, y los pocos que como él luchan por mantener viva esta expresión de nuestro folclor, dedicamos esta película. [58]

---

[58] Introducción hablada del *film. Narrador: Torres Martinó.*

"La palabra aparece en los *films*, como palabra-texto o, en la medida que es oída, como palabra-teatro (diálogos) o palabra-emanación (CHION 1993b: 160)".[59] En este caso una voz "*off*" que se encuentra fuera del cuadro-imagen, pero en un espacio sospechosamente cercano al margen de la diégesis del *film*. Este hecho posiciona a dicha voz en un lugar privilegiado de la narración, ya que su acercamiento al espectador proviene desde un lugar invisible para éste y justamente por ello se le confiere cierta autoridad. La palabra hablada suele apelar a una instancia que se despliega sobre sí misma y su invisibilidad tiende a tener un carácter de omnipotencia, especialmente cuando se usa como recurso cinematográfico.

> Más a menudo, [la voz] desempeña una función introductiva o de «enmarque», proporcionando a la narración datos indispensables para su comprensión y su avance. En cualquier caso, su manifestación representa siempre una intervención «fuerte».[60]

En el *análisis del discurso* se intenta articular sistemáticamente las estructuras del discurso con las estructuras ideológicas.[61] En nuestro caso, analizamos y reflexionamos sobre las estructuras ideológicas del discurso, buscando una correspondencia de las mismas con las estructuras e imaginarios sociales que de alguna manera se ven reflejados en el *film*. Entonces, se percibe en la estructura textual del discurso un peso semántico que le es intrínsecamente ideológico; y en este sentido, se puede ver que el estilo léxico, lo retórico y lo pragmático, por

---

[59] Según citado en: Gómez Tarín, Francisco J. *El análisis del texto fílmico*. Biblioteca on-line de ciências da comunicação. pp. 110. Disponible en:
http://www.bocc.ubi.pt/pag/tarin-francisco-el-analisis-del-texto-filmico.pdf.
[60] Casetti, Francesco y Federico di Chio. *Cómo Analizar un Film*. Barcelona: Paidós, 1991. pp. 102.
[61] Véase: Van Dijk, Teun A. *Análisis del Discurso Ideológico*. UAM-X México. Versión 6, 1996.

ejemplo, funcionan mucho más que meras estructuras expresivas empleadas para lo que se desea decir. Estos recursos del lenguaje juegan cierto papel importante en la dimensión recepción-persuasión de la comunicación, ya que contribuyen a modelos mentales deseados –y específicos– de los acontecimientos que se narran o que se retienen como memoria.

Con el estilo léxico (palabras de opinión positivas *vs* negativas[62]) hacemos referencia al uso de palabras como "*sincero*", "*místico*", "*exótico*", "*invaden*", etc. presentes en la introducción hablada del *film*. Dichas palabras poseen una carga semántica que polariza la imaginería popular puertorriqueña de la imaginería de yeso. Se hace ver la talla de santos de palo como una original y verdadera, mientras que la imaginería de yeso como una que usurpó e invadió el lugar de esta anterior.

Lo retórico (sobre y sub-estimación, eufemismo, litotes; repetición[63]) también persigue una línea persuasiva. Ello lo muestra la manera en que se hace énfasis al pasado trascendental que tiene la talla de santos. Cuando en la introducción hablada del *film* se afirma: "*Desde hace más de 400 años, el santero, el místico campesino hacedor de santos ha sido uno de los personajes más interesantes de nuestros campos.*" es un ejemplo de enaltecer la talla de palo con unos orígenes sólidos y afianzar la misma en un pasado inmemorable y casi irrefutable.

En cuanto a lo pragmático (aserción contra negación; autocomplacencia *vs* acusación[64]) lo vemos en la aseveración que dice:

> ...la imaginería popular puertorriqueña comienza a ser hoy un arte del pasado, ya que la fabricación de imágenes religiosas ha dejado de ser una artesanía para convertirse en una industria.[65]

---

[62] *Ibid.* pp. 27.
[63] *Ibid.* pp. 27.
[64] *Ibid.*
[65] Introducción hablada del *film*.

Y a manera de compensar dicho desvanecimiento, el narrador afirma:

> Las imágenes tradicionales de nuestros santeros han ido perdiendo poco a poco el sitial que les correspondía en los altares para conquistar una nueva función, esta vez como manifestación sincera del arte popular puertorriqueño.[66]

Así, la alternancia del altar al museo pasa inadvertida como un devenir evolutivo o natural del objeto cultural, en vez de presentarse como un trastoque de significados en ciertas prácticas socio-culturales.

Esta introducción hablada del *film* es buen ejemplo de lo ideológico como un prejuicio o (pre)actitud que nos guía.[67] Aquí, el prejuicio no es sólo la subjetividad del individuo y su gusto como espectador-observador, sino que también es suministrado y sugerido por el *film* mismo como objeto activamente observado. Esto expresa un propósito especial en la mirada o *gaze* que se desea provocar en el espectador. La misma funciona como una complicidad, lograda mediante la seducción estética de la imagen. Es decir, el *film* sugiere provocativamente una aproximación estética para su goce.

La introducción hablada del *film*, como una intervención ideológica, la trataremos como una exigencia que se le hace al espectador para que éste "aprecie" el *film* de una determinada manera. Desde esta perspectiva equiparamos las exigencias que se hacen desde el *film* con lo inexcusable para que éste pueda ser comprendido "*como debe ser*". Y en este sentido, el *film* se

---

[66] *Ibid.*

[67] "En toda creencia hay, en función de la propia creencia, preactitudes, la preactitud es la respuesta potencial invariable determinada por la creencia [...] Los intereses actúan como las creencias, en los intereses también están incluidas preactitudes." *La Realidad Como Resultado.* pp. 87.

entiende y se explica dentro de una tradición particular. La introducción hablada del *film* despliega en palabras la tradición de la cual éste se vale.

Así mismo, se muestra como relato-preámbulo de un futuro donde los santos de yeso "*invaden*" las casas y altares; a su vez explicando, cómo los santos de palo pasaron a los museos, galerías y colecciones de arte. De esta manera, *Santero* representa dicha transición e intercambio, y don Zoilo protagoniza su advenimiento al altar de la cultura. La particularidad de lo narrado en el *film,* o sea, lo ocurrido al santero Cajigas, se nutre de su trascendentalidad para generar un sentimiento estetizado hacia la cultura que va más allá del *film*. Este sentimiento refiere a un proceso social que está fuera de los límites del *film*, aunque éste se ve contextualizado por ello.

En síntesis, cultura, tradición, historia, religión, sociedad, política, identidad, todo se estetiza –dentro y fuera del *film*– para cumplir con el ordenamiento y la lógica de la sociedad moderna orientada al goce estético de sí misma y de sus aparentes logros. Para ello, se lleva a cabo una nueva producción político-simbólica que trastoque los significantes culturales para dicho fin.[68] En este caso, significantes que se muestran como exigencias cognitivas e ideológicas para el goce estético de *Santero*.

Esta lógica del goce, nace de un proceso de estetización de la sociedad, que no responde necesariamente a cuestiones artísticas, mucho menos estético-filosóficas. La misma responde

---

[68] "Everything is said, everything is exposed, everything acquires the force, or the manner, of a sign. The system runs less on the surplus-value of the commodity than on the aesthetic surplus-value of the sign." En: Baudrillard, Jean. *The Transparency of Evil: Essays on extreme phenomena*. London: Verso, 2009. pp. 17

más bien a la ideologización y despliegue político de la voluntad de *totalidad* y de la *armonía* como elementos esenciales del orden en la modernidad.[69]

En este caso, una modernidad –vista a través de la política puertorriqueña- que no supo difuminar los ásperos contornos de un colonialismo ya institucionalizado en la visión de sus políticas culturales y sus proyectos culturales politizados. Tales políticas reflejan el aspecto de la *totalidad* mediante su institucionalización y politización de lo cultural mediante un intento de homogenizar su discurso. Mientras que la *armonía* apeló al *todo coherente* en el que se conforma y proyecta la Nación, encaminada la misma hacia un futuro inspirado por una tradición, a saber, la del nacionalismo cultural del Partido Popular Democrático. Su propio devenir le exige vincularse a la tradición y utilizarla como una credencial para su proyecto político, en una forma de dirigismo cultural. Asumiendo la tradición como sistema acrítico, se crea entonces una dependencia en el discurso histórico. Este, no como autocrítica, sino como recurso intelectual e ideológico para cumplir e imponer sus intereses, propósitos y exigencias.

El *film* exige ser estéticamente apreciable en la medida en que se aleja del cuestionamiento en cuanto a las circunstancias *materiales* del porque el santo de palo es desplazado por la imagen de yeso. Este acercamiento estético oculta el problema de imposición del modo industrial sobre el artesanal. El *film* da a entender que, si no existiese el museo como institución cultural para recibir el santo de palo como objeto del pasado cultural puertorriqueño, su desplazamiento hubiese significado su eventual desaparición total. En este sentido, el museo custodia su legado, a la vez que funciona como "*buffer*" estético-cinematográfico en el *film*. El museo como institución que preserva

---

[69] "La estetización de la vida cotidiana difunde los rasgos de la vitalidad del modernismo y sus recorridos innovadores que fortalecieron las cadenas de imaginación frente a las de la necesidad." Cultura Sin Sujeto. pp.49

al santo de palo, al igual que lo hace con otras expresiones de la cultura material, se abre como nuevo espacio frente a una versión de la modernidad en la que aparecen nuevas tecnologías y una propuesta del capitalismo como su principal sistema económico.

-La nación moral y espiritual

El sociólogo Zygmunt Bauman afirma que "todas las ideologías nacieron como proyectos que deberían ser activados y concertadamente implementados, incluso cuando proyectaran el futuro (que atisbaban) en el pasado (que imaginaban) y describieran la novedad como un retorno y la reforma como una restauración."[70] Este es un aspecto de la práctica política en el que se manifiesta la visión de mundo generada a partir de las retóricas ideológicas. El acto de emplazar discursivamente un pasado histórico para un futuro político convierte a la nación en el presente instantáneo de dicho discurso. Entonces, si el pasado ya fue y el futuro aún no, es lógico que este discurso interprete a la nación como el "ahora", como lo que siempre está en su devenir. Podríamos decir que dicho devenir de la nación se reafirma en procesos políticos que a la vez son ideológicos, ya que funcionan como motivo y a la misma vez como medio de mantener viva la nación a la que apela.

Existen casos donde esta revitalización del sentido nacional que despiertan los nacionalismos evoca mucho más que al cuerpo de la nación como unidad concreta geopolítica; la misma se despliega a veces como un proyecto moralizante dirigido a regenerar el espíritu de la nación.[71]

---

[70] *En Busca de la Política.* pp. 134.
[71] "Typically, nationalists also believe in a real essence that underlies the superficial markers of nationality. This is the "national character", conceived as superior set of moral, spiritual, and intellectual virtues." McMahan, Jeff. "The Limits of National

En este sentido, la cultura pudiese ser propuesta como aquella esencia etérea que se ubica dentro de las naciones la cual se debe resaltar y elevar a plano máximo; dejando a un lado la territorialidad, su política y el Estado como su aparato institucional principal. Como ya hemos mencionado anteriormente, esta variante del nacionalismo, infundida en la cultura, se le conoce como nacionalismo cultural.

John Hutchinson, ha presentado a través de varios trabajos, las diferencias entre los nacionalismos políticos y los nacionalismos culturales. Éste académico británico propone que no tan sólo los nacionalismos difieren en la manera en que articulan y conceptualizan la nación, sino que sus estrategias de acción política divergen de una manera mucho más marcada.

> The aim of cultural nationalist is rather the moral regeneration of the historic community, or, in other words, the re-creation of their distinctive national civilization [...] Cultural nationalists act like *moral innovators*, establishing ideological movements at times of social crisis in order to transform the believe-systems of communities, and provide models of socio-political development that guide their modernizing strategies.[72]

En este sentido, el nacionalismo cultural procura la revitalización nacional de adentro hacia afuera. El mismo es dirigido a la fibra moral de los nacionales como en una forma de avivar sus actitudes en torno a diversos factores y procesos de la nación; además de generar una visión de mundo que esté a tono con la ideología propulsada.

De manera que, el nacionalismo cultural posee un discurso tradicionalista, en el sentido de que apela a la nación como una

---

Partiality". En: *Morality of Nationalism*. Robert Mckim and Jeff McMahan (ed.) Oxford-New York: Oxford University Press, 1997. pp. 126.

[72] Hutchinson, John. "Cultural Nationalism and Moral Regeneration". En: *Nationalism*. Hutchinson, John and Anthony D. Smith (ed.) Oxford-New York: Oxford University Press, 1994. pp. 124, 127.

comunidad histórica, imaginada la misma desde –y a través de–una cultura común y homogénea. Siendo esta cultura común, única y diferenciada de la cultura universal del ser humano, lo que entreteje la tradición con el pasado y la modernidad con el futuro de la nación.

A diferencia de otros grupos humanos tradicionales como familias, tribus o clanes, la nación es fruto del pensamiento político moderno. Pero el tradicionalismo particular que caracteriza el nacionalismo cultural es algo anacrónico, ya que, a pesar de ser una ideología esencialmente moderna, se fundamenta en su pasado pre-moderno (¡mientras más antiguo mejor!) para adquirir de él su vitalidad ideológica que lo propulse hacia el futuro.[73]

> Unlike political nationalism, which would uproot the traditional status order for a modern legal-rational society, cultural nationalism is a movement of moral regeneration which seeks to re-unite the different aspects of the nation –traditional and modern, agriculture and industry, science and religion- by returning the creativity life-principle of the nation.[74]

De esta manera, el nacionalismo cultural procura que las naciones se encaminen a procesos modernizantes mediante el uso de categorías ya familiares y comunes entre sus nacionales, con la intención de que esta transición hacia la modernidad sea menos dramática. En otras palabras, se utiliza como estrategia político-ideológica el adaptar proyectos modernizantes a un

---

[73] "It's the creation of intellectuals in backward societies, who, threatened by the advance of an exotic scientific –industrial culture with which they find it difficult to complete, advocate a nostalgic return to the pristine integrated world of the folk and engage in linguistic and cultural reconstruction [...] The return to the folk, in short, is not a flight from the world but rather a means to catapult the nation from present backwardness and division to the most advanced stages of social development". *Ibid.* pp. 128-129.

[74] *Ibid.* pp. 123

escenario local que lo reproduzca de una manera particular, dadas las variantes que implican dicha adaptación a la esfera nacional-cultural y su tradición. Más que apelar a una ruptura entre el pasado y el futuro, el nacionalismo cultural propone la continuidad de la sociedad tradicional hacia la modernidad.

Sobre este aspecto, Montserrat Guibernau propone que la continuidad se presenta como una dimensión histórica e ideológica de las identidades nacionales, ya que, como elemento ideológico del nacionalismo cultural, la misma intenta unificar la brecha entre pasado y futuro dentro de un horizonte continuo.

> How far back in time should members of a given nation be able to locate their origin as a community? [...] Antiquity is employed as a source of legitimacy for a nation and its culture [...] Antiquity stressed one of the key elements of identity, that is continuity, and, in so doing, it contributes to the preservation of the collective self. Acknowledging and documenting cultural antiquity is a modern activity which also provides nations and their culture with a distinguished pedigree, so that when individuals look back in time they are not confronted with a blank picture about their own collective origin, but reassured by the deeds of their ancestors.[75]

Nuevamente se resalta el aspecto político del pasado como construcción histórica, en tanto se custodia discursivamente el mismo con propósitos de legitimación e imposición ideológica. La cultura cumple su función política en el nacionalismo en tanto se apela a ella de manera homogénea. Este es un aspecto en el que las élites políticas e intelectuales reformulan las ideas y significados de la nación para ajustarlas al nuevo panorama de la modernidad. Su labor se esforzó en que las personas se reconocieran los unos a los otros y se identificasen con dicho

---

[75] Guibernau, Montserrat. "Anthony D Smith on nations and nationality: a critical assessment". *Nations and Nationalism*. 10 (1/2), 2004, p. 136.

discurso culturalista en la medida que el mismo les servía como vehículo para modernizar la nación.

Sabiendo ya esto sobre el nacionalismo cultural, entendemos que su relación con el *film* se puede dar de varias maneras. Podemos comenzar por el aspecto técnico en cuanto a la producción de éste. *Santero* fue una producción cinematográfica de la División de Educación de la Comunidad. La DIVEDCO fue un programa gubernamental educativo dentro del entonces Departamento de Instrucción Pública.

> El programa debía producir material pedagógico pertinente a la realidad puertorriqueña para que las comunidades resolvieran sus propios problemas de salud, educación y vida en común.[76]

Su iniciativa surge a raíz de la visión educativa que tenía el Partido Popular Democrático y su líder de entonces Luis Muñoz Marín. Esta pedagogía democrática incluía, entre otras cosas, la educación audiovisual con películas, documentales, almanaques, folletos y todo material que no se limitase a literatura para que así tuviese alcance a todo el pueblo. Como propuesta educativa, la DIVEDCO poseía un corte populista ya que buscaba crear una conciencia nacional a través de la educación, a través de un sentido de pertenencia a una cultura común (la comunidad) que resonase en un sentido nacional.[77]

Con esta finalidad, la División se adhiere como estrategia política del nacionalismo cultural estatal, en el sentido de que el *film* funciona como un llamado a avivar las actitudes en torno a la imaginería popular. Dicho avivamiento, no como

---

[76] Marsh Kennerley, Catherine. *Negociaciones Culturales: Los intelectuales y el proyecto pedagógico del estado muñocista*. San Juan: Ediciones callejón, 2009. pp. 11.
[77] "La División fue el primer proyecto en el cual el estado creó un espacio, con relativa autonomía dentro del Departamento de Instrucción Pública, para que un grupo de intelectuales puertorriqueños creara una obra artística con fines pedagógico-culturales." *Ibid.* pp. 22.

propuesta a adquirir santos de palo, sino a entender su nuevo valor dentro del museo y su nueva función. A mi juicio, el santo de palo en el museo representa que la tradición de la imaginería popular puertorriqueña se hizo a un lado para no entorpecer y dejarle el camino libre a la industria de santos de yeso, pues en el museo la función de éste es pasiva. Podemos decir que las instituciones culturales, como lo fue la DIVEDCO, amortiguaron el drástico giro socioeconómico hacia lo industrial en miras de preservar al menos una esencia de lo puertorriqueño durante su transcurso. A este intento de preservar la cultura y forma de ser del puertorriqueño, ante la erosión de valores y otros problemas sociales que trae consigo la rápida industrialización y urbanización, se le conoció como la Operación Serenidad. Según Catherine Marsh:

> La División fue fundamental para lo que Muñoz llamó Operación Serenidad y Operación Manos a la Obra. Fue parte de la vitrina del "milagro económico" puertorriqueño ante Latinoamérica. Acercarse a este proyecto es asistir a un momento clave en la formación de nuestra nación sin estado [...] puede decirse también, que fue un intento de filtrar el proceso de institucionalización a través de la educación y la cultura.[78]

En cuanto al contenido del *film*, el nacionalismo cultural se muestra a través de algunos recursos cinematográficos que funcionan como sugerencias interpretativas hacia el espectador; también en la manera peculiar en que se representa el mundo en el mismo. Tomemos por ejemplo el relato del *film* como un todo. Éste, más bien se construye como un metarelato discursivo en función de la ideología detrás del *film;* moldeada la misma al replanteamiento de la cultura puertorriqueña que

---

[78] "Mirada crítica a la Serenidad: Aproximaciones pedagógicas a las negociaciones culturales de Operación Serenidad". En: *Explorando la Operación Serenidad.* San Juan: Fundación Luis Muñoz Marín, 2011. pp. 51-52 y 55.

reclama el nacionalismo cultural. Lo que motiva a narrar la historia de don Zoilo es lo mismo que motiva la resignificación del santo de palo.

Otro aspecto que resalta sobre este particular lo es el museo como institución cultural y política. En el sentido en que hemos ido discutiendo el nacionalismo cultural como ideología, hemos resaltado el papel del Estado en su propagación e implementación. Las instituciones político-culturales como la DIVEDCO y el Instituto de Cultura Puertorriqueña, entre otras, se convirtieron en el brazo ejecutor de las legislaciones culturales del Estado. A mi entender, la representación que se hace de las instituciones en el *film* a través del museo es una muestra de la presencia y función de las instituciones político-culturales en la escena cultural del casi recién inaugurado Estado Libre Asociado.

Bajo el periodo conocido como el *sexenio de la puertorriqueñidad (1953-1959)* se aglutina el grueso de las políticas culturales del país. En este periodo se demuestra la prioridad que tenía el quehacer cultural para el Estado, como muestra de democracia y esfuerzo por reafirmar la identidad puertorriqueña. Como ya hemos mencionado, este es un aspecto en el que se denota cierto paternalismo y dirigismo cultural. A saber, las legislaciones culturales son políticas ejecutables como cualquier otra y su implementación va dirigida a la homogeneización de ciertas prácticas y conductas frente a otras; lo peculiar de estas es, que al ser la cultura su campo de acción, las mismas apelan más al espíritu, la forma de ser, pensar y actuar, y sobre todo a lo que es considerado como cultural y lo que no. De esta manera el Estado se asegura de poseer una homogeneización discursiva en cuanto a lo cultural, para así evitar interpretaciones alternas que atenten contra sus estrategias políticas.

-La estética "puertorriqueñista" como ideología

Podemos afirmar que en el *film* existen ciertos patrones estéticos que podemos categorizar como "puertorriqueñistas", en el sentido de que son alusivos a un tipo de visión específica sobre lo puertorriqueño que van a tono con la ideología del nacionalismo cultural. Me refiero al tan recurrente tema de la nacionalidad y la identidad puertorriqueña presentes tanto en el cine como en la literatura del país. Podemos mencionar algunas expresiones de este fenómeno, a saber: la vuelta al pasado como recurso nostálgico y como origen de la puertorriqueñidad, cierto desprecio a lo moderno en pos de exaltar lo tradicional, la íntima relación entre la identidad y el idioma español y el territorio isleño, la migración (ya sea forzada o por voluntad) como traición a la cultura nacional, la urbe como epítome de la desmesura y la decadencia; además de socavar en la imagen del puertorriqueño una representación de su ser como uno sumamente simple y noble, dócil y por demás ingenuo al proceso modernizante en el que estaba sumergido.

En *Santero*, al igual que en un sinnúmero de *films* de la DIVEDCO, estos elementos se manifiestan principalmente a través de lo que parece una obsesión con los paisajes montañosos y en una inmensa nostalgia por el pasado campesino que alguna vez tuvo Puerto Rico. Aunque este paisajismo del que hablamos no es tan recurrente en *Santero*, pues sólo es puesto en escena al principio y al final del *film,* el mismo implica la noción de un lugar idílico.

> Las películas puertorriqueñas, no obstante, muestran una proclividad al paisajismo y al preciosismo. Es curioso ver en filmes en blanco y negro hechos en Puerto Rico largas escenas proyectando en silencio montañas, ríos, veredas, valles, playas, palmeras y hasta el cielo y las nubes. Ello puede atribuirse a una visión, tanto interna como externa, de lo que Puerto Rico no es un país, sino un paisaje, una postal. Nuestro

cine en este sentido no se diferencia mucho de gran parte de nuestra música popular, nuestra literatura y nuestra poesía para cuyos creadores de la Nación puertorriqueña es una *"Islita, Tierrita, Tierruca, Preciosa"* y otros bellos chiquiteos.[79]

Este comienzo del *film* con las montañas funciona como punto de partida, más bien como un origen. Las montañas sugieren el lugar originario de la narración, que no es sino la narración del origen de uno de los íconos de la cultura puertorriqueña. Este origen también es alusivo al origen de la cultura y por ende de la puertorriqueñidad, según el imaginario del *film*.

De este paraíso originario situado en la montaña se desciende entonces a la vertiginosa y caótica ciudad. Una vez en esta, percibimos el rechazo al cual se enfrentó don Zoilo mientras ofrecía sus obras para la venta. Vemos pues, cierto elemento de negatividad plasmado en la ciudad.[80]

Desde esta perspectiva podemos afirmar que en *Santero,* la ciudad adquiere matices negativos, ya que es ese lugar donde la obra del santero Cajigas no es estimada como antes. La ciudad se convierte en ese espacio sin sitio para el modo de vida del santero, ya que éste ocupa un espacio, pero no ejerce su función en él. Es por eso que al final del *film*, el regreso a las montañas por parte del santero es sugerente a que éste prefiere dicho espacio, pues la ciudad moderna puertorriqueña lo ha desplazado. El paisaje es la utopía y en la montaña todo es real.

---

[79] Rivera, Ángel M. "Cine Puertorriqueño de la Segunda Mitad del Siglo XX". *Revista del Instituto de Cultura Puertorriqueña.* Año 2, Núm. 4, Segunda Serie. Julio-diciembre 2001. p. 63.

[80] Frances Negrón-Muntaner en un ensayo acerca del cine de Jacobo Morales afirma que este cineasta, mediante su obra cinematográfica insiste en que "*la ciudad es un espacio corrosivo y maléfico, que ha destruido la espiritualidad de los puertorriqueños. La representación de la ciudad como infierno y muerte (física, social, moral) se propone no sólo a través de la trama, sino también en las estrategias de visualización.*" En: "Los Dos Sueños de Jacobo: Cine y nación en la obra de Jacobo Morales". En: Díaz Zambrana, Rosana y Patricia Tomé (Eds.) *Cinema Paraíso: representaciones e imágenes audiovisuales en el caribe hispano.* San Juan: Editorial Isla Negra, 2010. pp. 200.

En la misma todo pareciera ordenado, con un propósito y una finalidad; así vemos, pues, la manera tan pasiva, orgánica y profundamente significativa en la que el *film* muestra el proceso creacional del santero Cajigas recluido en su taller/choza en el corazón de la montaña.

Lo que ocurre en la montaña se presenta en el *film* como genuino, mientras que lo que toma lugar en la ciudad, como la fabricación de los santos de yeso, es relacionado con la vida materialista, la erosión de los valores tradicionales y el despliegue desmedido de los vicios capitalistas. Irónicamente la ciudad también implica cierta redención, ya que la institución del museo es la única que ofrece la atención artística tanto al santero como a su obra, aunque también sea parte de esa ciudad y su ideario moderno.

En su función de institución gubernamental moderna, tal como se presenta en el *film*, el museo cumple con el deber de coleccionar y preservar objetos de valor cultural; a la vez que conserva la memoria colectiva del pueblo.

> ...el coleccionismo incide en la función ideológica de la cultura. En la actualidad, el "progreso democrático" que caracteriza la gestión de la nueva clase dirigente se manifiesta en una "democratización cultural" que enmascara la auténtica realidad. Se trata de un trueque cuantitativo-cualitativo que atiende al crecimiento progresivo, superproducción y consumismo de los objetos culturales más que una auténtica acción cultural dirigida a todos [...] Y ahí, en el coleccionismo, es donde radica el origen del museo. Si, como dijo Marx, los grandes hechos de la Historia se han repetido dos veces, como tragedia y como farsa, parece que el coleccionismo supuso la fase trágica de la cultura, necesaria seguramente; y no ha sido menos trágico que el museo heredase las bases dramáticas de su antecesor y degenerarse en una farsa.[81]

---

[81] León, Aurora. *El Museo: Teoría, praxis y utopía.* (5ta ed.) Madrid: Cátedra, 1990. pp. 48-50.

No se entienda esta "*farsa*" de la cita anterior como algo irreal, sino como una *ficción*. En el *film*, el museo colecciona y preserva el santo de palo, pero no sin antes desvirtuarlo de su carácter original y convertirlo en otra cosa museificable. La ficción es la pretensión del museo de querer ser templo sagrado de la cultura y mausoleo sacrosanto de la tradición mediante la museificación del santo de palo; al igual que lo hizo con otros objetos. Tal ficción es producida por la ideología del nacionalismo cultural populista, ya que su versión de la cultura fue lo que alimentó e hizo posible esta ficción. Si bien fue útil y estratégico en un principio, terminó siendo un espectáculo más de las identidades en pugna dentro de la colonia.

El otro elemento que destacamos dentro de la denominada estética "puertorriqueñista" fue la nostalgia al pasado. Como recurso cinematográfico, la misma apelaba a *esa* forma de ser típica del puertorriqueño; una manera pasiva y noble de vivir la vida que se ve grandemente afectada por la modernización y proliferación del desarrollismo en Puerto Rico. Don Zoilo Cajigas es un *arquetipo* de esa vida original y tradicional a la que el *film* le rinde tributo.[82] Podemos afirmar que, desde la selección del tema del *film*, o desde el momento en que se decidió rodar el mediometraje, se reconoce tal ideología que vislumbra la nostalgia como un recurso cinematográfico eficaz para provocar sentimientos específicos en torno a los procesos sociales pautados en el mismo. Según afirma Silvia Álvarez Curbelo:

> Los proyectos fílmicos surgidos en Puerto Rico han insistido, una y otra vez, en el señalamiento de las claves étnicas y políticas de nuestra identidad colectiva. Aun sus peores y miméticos productos han estado mediados por una función

---

[82] "…el santero don Zoilo Cajigas y Sotomayor, quien, a pesar de su avanzada edad, continúa dedicado a su místico oficio. A don Zoilo, protagonista de esta historia, y los pocos que como él luchan por mantener viva esta expresión de nuestro folclor, dedicamos esta película" *Introducción hablada del *film*.

identitaria que se sitúa, en la mayor parte de los casos, en relación problemática con la modernidad.[83]

Si bien el *film* parece una oda tipo semblanza, en dedicatoria a don Zoilo Cajigas y lo que simboliza su obra artesanal en la iconografía cultural puertorriqueña, no es sin antes hacer una leve crítica mediante la sugestiva exposición del devenir de la vocación de la santería en los cimientos de la modernidad puertorriqueña. En cierta manera, este conflicto con la modernidad se crea y se destruye en el *film* mismo, ya que mediante el dispositivo de lo que representa el museo en el *film,* éste hace posible el ocupar un espacio en el moderno imaginario social. Desde el punto de vista del nacionalismo cultural, esta modernidad como ventana al pasado y, a su vez, el pasado como recurso ideológico-moral para la modernización y el futuro, se traduce a una posición donde la tradición convive con lo moderno mediante el embriagante efecto espectacular de la identidad cultural puertorriqueña, en el momento protagonista de su propio destino sociopolítico.

Esta identidad, por necesidad, tenía que ser conflictiva con la modernidad tal como afirma Álvares-Curbelo; esto porque así logra disuadir un conflicto primordial y que le aqueja con anterioridad al proceso de modernización, esto es, el colonialismo. Ya que éste se percibe como un problema relegado exclusivamente a la esfera política, la identidad cultural entendida como la superación del colonialismo, sólo entra en conflicto con la modernidad en la medida que ésta atenta contra sus valores originales y tradicionales. Precisamente la nostalgia funciona para vigorizar tal sentimiento de inminente pérdida de dicha tradición ante la modernidad y es por ello que se tiende a un tipo de proteccionismo o preservación cultural. Así, la modernidad figura como nuevo problema existencial

---

[83] *Vidas Prestadas: El cine y la puertorriqueñidad.*

para el ser puertorriqueño. De manera que el colonialismo, o ya no parece ser un problema, o no urge resolverlo.

La nostalgia al pasado también brinda la oportunidad de revisar con una mirada romántica lo ya ocurrido. Además, como recurso cinematográfico, la misma concentra las emociones necesarias para transmitir mucho más que lo puesto en escena.

> La vuelta al pasado funciona aquí para revivir desde una óptica romántica las vicisitudes de los puertorriqueños en momentos difíciles de la historia nacional [...] permite mirar nuevamente los conflictos que nos han marcado, pero en este intento se corre el riesgo de dar contestaciones trilladas e imposibilitadas de penetrar más allá de la superficialidad descriptiva.[84]

Aunque en la cita anterior su autor hace referencia a una supuesta tendencia del cine puertorriqueño de la década de los 1990, en cierta manera se aplica a lo que planteamos como la nostalgia romántica. En pleno auge de modernización de Puerto Rico, o al menos sus rápidos comienzos, hacer una producción cinematográfica acerca de un personaje del pasado para resaltarlo, al menos implica un tipo de admiración idealizada en torno a éste. Quizás *Santero* no sea el específico caso de una reconstrucción romántica del pasado mediante el recurso de la nostalgia, pero la manera tan romántica -casi de inspiración lírica- en la que se presenta la inclusión del santo de palo en la colección museológica (simbolizando así su inserción institucional y oficialista al canon cultural puertorriqueño) evadiendo los conflictos socioeconómicos que pudieron haber dado paso a dicho acontecimiento, demuestra que lo

---

[84] Serrano-Lebrón, Alex. "Cine puertorriqueño e ideología: La década de 1990 y su vuelta al pasado". En: Díaz Zambrana, Rosana y Patricia Tomé (Eds.) *Cinema Paraíso: representaciones e imágenes audiovisuales en el caribe hispano*. San Juan: Editorial Isla Negra, 2010. pp. 224-232.

narrado intenta ser utópico, desea ser el origen/pasado perfecto de la cultura nacional venidera de ese acontecimiento.

En este sentido, lo narrado en *Santero* es alegórico a la totalidad de una tradición artístico-cultural en Puerto Rico. Si bien el *film* presenta el cambio del santo de palo a nivel de signo, para éste ahora significar en una nueva esfera semántica, lo hace en calidad de presentador de un destino común para otras formas artísticas. Me refiero aquí a la eventual discursividad política de matiz puertorriqueñista, que poseerán a partir de aquí diferentes expresiones artísticas en Puerto Rico. Romantizar dicho evento pasa como inadvertencia estratégica del lenguaje y función política del *film*. A saber, la representación de un discurso cultural-nacional mediante la poetización nostálgica del devenir institucionalizado de la talla de santos y los santos de palo.

ESTÉTICA

La obra de arte siempre posee una trascendencia que representa un enigma a descifrar por quien la contemple. Por su naturaleza, ésta busca abrirse a una interpretación que vaya más allá de lo que se revela en sí misma. La belleza de una obra de arte suele ser aquello que cautiva la mirada y los sentidos de quien se arroje a la experiencia interpretativa del arte. De esta manera, lo bello como categoría estética se abre a un conocimiento sensible a partir de lo que genera en el espectador la obra de arte. Por lo tanto, la belleza de una obra no sólo está en sus características técnicas o visuales, sino que en el entendimiento de la misma hay también cierta belleza inigualable.

Cuando contemplamos una obra de arte, ya sea de manera pasiva o activa, o de una manera mucho más formal y crítica, nos acercamos a un tipo de conocimiento muy peculiar. El mismo se presenta ante nosotros como parte integral de la obra de arte y de la experiencia artística en general como una productora de significado. Ontológicamente, la obra de arte surge de unos saberes que son trascendentales más que técnicos. Esto en el sentido de que su despliegue trasciende la técnica del artista, su intención y hasta su propósito con la obra. La existencia de la obra de arte se sitúa en la experiencia sensible del ser humano; es por esto que además de apelar a lo bello, la obra de arte se extiende a otras categorías o expresiones existenciales de lo estético como lo sublime, lo trágico, lo grotesco, lo cómico, lo feo y hasta lo horrible.

Reiteramos que, confrontar una obra de arte es una experiencia sensible de la cual se genera un entendimiento. Éste, si bien no es un entendimiento puramente estético, es porque supera la órbita de la experiencia estética del arte para instaurarse como experiencia hermenéutica. Afirma el filósofo Hans-Georg Gadamer que:

> Every work of art, not only literature, must be understood like any other text that requires understanding, and this kind of understanding has to be acquired. This gives hermeneutical consciousness a comprehensiveness that surpasses even that of aesthetic consciousness. *Aesthetics has to be absorbed into hermeneutics.*[85]

El entendimiento de una obra de arte se da mediante una experiencia hermenéutica más que estética, ya que el entendimiento forma parte del evento en donde el significado de la obra de arte ocurre. Esto es, el significado de la obra de arte está intrincadamente ligado a la interpretación que se hace de la misma y no se limita a lo que pueda evocar estéticamente en el espectador. Por otra parte, lo que evoca en el espectador la experiencia estética no se traduce a lo que la obra pueda significar, es decir, lo que ésta evoca estéticamente no es su significado.

Por otro lado, Hegel plantea que la alta misión del arte es presentar lo verdadero en una imagen sensible, pero, ¿será esto verdadero, que se muestra en el arte, su significado?; ¿será este mostrarse de algo verdadero la idea de obra de arte en su carácter general?[86] Se interpretará que la idea en su carácter general que plantea Hegel es el significado de la obra de arte.

---

[85] *Truth and Method.* London: Continuum, 2004. pp. 157
[86] "La representación sensible pertenece al *arte,* que revela la verdad bajo forma individual. Esta imagen encierra sin duda un sentido profundo, pero sin tener por finalidad el hacer comprender la idea en su carácter general; pues esta unidad de idea y de la forma sensible constituye precisamente la esencia de lo bello y de las creaciones del arte que lo manifiestan, incluso en la poesía: el arte intelectual, espiritual por excelencia [...] Si se concede así al arte la alta misión de representar lo verdadero en una imagen sensible, no es preciso sostener que no tenga su fin en sí mismo. La religión le toma a su servicio cuando quiere revelar a los sentidos y a la

Comprendiendo esto de tal manera, afirmamos entonces que el pensamiento gadameriano remite a Hegel en este sentido, ya que según Gadamer, la obra de arte nunca está completa.[87] A saber, la idea (como significado) no se muestra a nivel general (en el sentido hegeliano) porque no es la tarea ni la función de la obra de arte culminarse como tal en su significado o consolidarse en éste. La obra, más bien, permanece abierta; y en la medida en que ésta es confrontada hermenéuticamente, emanarán de ésta nuevos significados, nuevas conjeturas, y nuevas experiencias estéticas nunca totales. Su destino es llegar a un entendimiento, pero el mismo no es la culminación de su experiencia estética, mucho menos hermenéutica. El comprender o entender una obra de arte no representa su culminación, sino que ésta se mantendrá siempre abierta para generar similares procesos de entendimiento una y otra vez infinitamente. "*Lo bello es infinito y libre*".[88]

No pretendo decir que la finalidad última del arte sea su entendimiento -ser entendido-, pues hay siempre en el arte un juego de mostrar y ocultar que seduce y altera placenteramente los estados de la consciencia hasta la ininteligibilidad. No obstante, intento resaltar el carácter hermenéutico de reconocer la experiencia estética en sí como un proceso fenomenológico de percepciones –más allá de la objetividad y la subjetividad- que produce un conocimiento que no necesariamente se limita

---

imaginación la verdad religiosa. Pero es, precisamente cuando el arte ha llegado a su más alto grado de desarrollo y perfección cuando encuentra en el dominio de la representación sensible el modo de expresión más convincente para la exposición de la verdad." En: *De lo Bello y sus Formas (Estética)*. Madrid: Colección Austral, 1969. pp. 61-62

[87] "The experience of art should not be falsified by being turned into a possession of aesthetic culture, thus neutralizing its special claim. We will see that this involves a far-reaching hermeneutical consequence, for *all encounter with the language of art is an encounter with an unfinished event and is itself part of this event*. This is what must be emphasized against aesthetic consciousness and its neutralization of the question of truth." *Truth and Method*. pp.85

[88] *De lo Bello y sus Formas (Estética)*. pp.65

a lo estético, ni mucho menos al gusto artístico. Esta aproximación a la estética también resalta a un primer plano de la experiencia artística al observador-analista, ya que éste se constituye como parte esencial del proceso de creación de significado. Tanto la experiencia estética como la experiencia hermenéutica se sitúan en el individuo y es desde ésta peculiar subjetividad que se le otorga significado y sentido a la obra de arte.

> Se necesitará del potencial de figurabilidad y representabilidad de la pulsión. Y se necesitará de la dimensión profunda de la sensorialidad para que lo visual despierte en el espectador su potencial creador de sentido. La desestabilización y la parcial liberación del mundo simbólico conocido se articulan con la sensorialidad que, regresión mediante, estimula la construcción de nuevas realidades [...] Sabemos que la experiencia estética conmueve el preconsciente y su nivel lingüístico, y también que son las raíces inconscientes de la creatividad las que dan nacimiento a nuevos conocimientos.[89]

En esta cita de la psicoanalista María Cristina Melgar queremos destacar unos aspectos psicológicos de la experiencia estética que nos interesa tomar en consideración. En la lectura, la autora propone que lo sensible puede componerse por lo referencial-simbólico, lo lingüístico y lo emocional. En este aspecto psicológico de la confrontación artística (sin querer profesar un psicologismo) es que se supera el dilema de lo objetivo y lo subjetivo de la experiencia estética, ya que "el pre consciente lleva en sí un espesor de sentidos que los hábitos cotidianos y las reglas estéticas mantienen en reposo".[90]

Así mismo, Melgara también señala que:

---

[89] Melgar, María Cristina. "Experiencia Estética- Experiencia Psicoanalítica". En: *Psicoanálisis y Arte: Del método psicoanalítico al encuentro con lo enigmático en las artes visuales.* Buenos Aires: Lumen, 2003. pp. 23 y 24
[90] *Ibid.* pp. 13

> Lo que el objeto artístico puede llegar a ser para el sujeto, lo que puede adquirir dimensión psíquica de la excitación sensorial, emocional y corporal que provoca el impacto estético, lo que hay de traducible en los signos plásticos, pero también lo que hay de enigmático en el objeto y de excesivo en la economía de lo sensorial, son problemas puntuales de una metapsicología de la experiencia estética.[91]

De esta manera, queda expuesto cómo el espectador determina el carácter estético de la representación que percibe como arte. Mediante su experiencia sensible y la interpretación que se hace de ésta, el espectador-analista expone en determinada instancia sus sentimientos en torno a la obra de arte, catalogándola como una bella, grotesca, etc. Desde este punto de vista podemos afirmar que en el *film Santero* se coquetea entre lo sublime y lo trágico. Específicamente, propongo que lo sublime en el *film* oculta, o intenta ocultar estéticamente sus elementos trágicos.

Como obra de arte, el *film* nos brinda la experiencia estética y las sensaciones que nos proporciona la idea de lo sublime. Proveniente del latín *sublimis*, lo sublime hace referencia a lo elevado y por ello ésta palabra se ha usado en un contexto que designa lo excelso, lo eminentemente elevado por alguna gracia o don que lo hace resaltar. Como categoría estética, lo sublime se presenta como el límite entre lo infinito y trascendental de la obra de arte, frente a la finita mundaneidad de la experiencia y existencia humana.

En virtud de la sacralidad inherente en el relato de *Santero*, ésta se manifiesta en la sublimación de la representación artística que es el *film*. Lo bello de *Santero* le corresponde al sensorio en su carácter visual, pero en cambio, lo sublime se aferra, en primer lugar, a lo místico de su temática religiosa. Mientras que lo bello tiende a guardar relación con lo proporcionado y la delicadeza, lo sublime es preponderantemente ilimitado,

---

[91] *Ibid.* pp. 12-13

desproporcionado e inconmensurable; esto en el sentido de que la órbita de lo sublime siempre desborda la sensibilidad en busca de un elixir emocional en el espectador.

> De ahí nace el gran poder de lo sublime, que, lejos de ser producido por nuestros razonamientos, los anticipa y nos arrebata mediante una fuerza irresistible.[92]

En el *film*, el don del santero Cajigas se eleva a niveles sublimes ya que en él recae todo el peso fílmico-representacional de una tradición ancestral y originaria. La talla de imágenes religiosas es expuesta como imaginería popular, rango estético-semántico más alto que puede adquirir el arte y la publicidad homogeneizadora de las imágenes producidas por una cultura, para que así le sea apelante, o al menos produzca algún estímulo entre sus miembros.[93] Así pues, lo que se considera como imaginería popular tiene el reconocimiento de la mayoría, sino de todos los miembros de una comunidad, a saber, la comunidad puertorriqueña. El hecho de que también el museo, en su carácter institucional, haya reconocido y creado un nuevo valor a los santos de palo, los eleva a un plano de contemplación, que si bien los expone a un nivel mayor de exhibición, lo hace a costa de una inercia semiótica como signo intercambiable en la esfera cultural del país. Es aquí donde pareciera ocultarse lo

---

[92] Edmund Burke, Extractos de la obra: *De lo Sublime y de lo Bello*. Editorial Alianza, 2005. En: http://www.filosofeando.com/documentos/sublimebello.pdf.

[93] "Solo aquellos y aquellas que viven la experiencia de su propia espectacularización, así como el vínculo de exclusividad con el lenguaje criollo pragmático generacional, se les permite identificar con lo puertorriqueño. Solo los que logran articular el lenguaje y la imagen con el granel de valores de uso que son ya signos de distinción y de estratificación social, tienen pleno derecho a la ciudad espectacular, En su neohedonismo, son estos vástagos los portadores de la puertorriqueñidad como etnicidad líquida espectacular." En: Torrecilla, Arturo. *La Ansiedad de Ser Puertorriqueño: Etnoespectáculo e hiperviolencia en la modernidad líquida*. San Juan: Ediciones Vértigo, 2004. pp. 57.

trágico del relato, ya que, bajo lo sublime de este dichoso reconocimiento institucional, subyace la parálisis estético-simbólica sufrida por el santo de madera.

En cuanto a lo trágico Aristóteles dice:

> A tragedy, then, is the imitation of an action that is serious and also, as having magnitude, complete in itself; in language with pleasurable accessories, each kind brought in separately in the parts of the work; in a dramatic, not narrative form; with incidents arousing pity and fear, wherewith to accomplish its catharsis of such emotions.[94]

Dada la naturaleza de lo narrado por el *film,* esta cita nos evoca una catarsis [κάθαρσις] en un sentido sociocultural. El museo se convierte en agente purificador del proceso modernizador que vivía Puerto Rico. La institución del museo le reservó un lugar especial a la cultura para que esta se convirtiera en elemento clave de una identidad nacional, desligada la misma al proceso político-económico de corte colonial-desarrollista al que el país se enfrentaba. De esta manera, se reivindica en el *film* lo que de otra manera hubiera quedado irremediablemente olvidado en el pasado; esta es la tradicional imaginería popular puertorriqueña.

La tragedia necesita ser estéticamente agradable, ya que de otra manera se tornaría en algo odioso y hasta repulsivo para la sensibilidad. A diferencia de las catástrofes naturales, que a pesar de ser inevitables, pueden ser verdaderamente trágicas, la tragedia como acción dramática y resultado del comportamiento humano crea la posibilidad de imaginar que ésta pudo haber sido evitada. La condición humana suele tener desenlaces terribles, pero a pesar de este funesto carácter de nuestra existencia, la tragedia siempre apelará a la sensibilidad; aunque

---

[94] *Poetics.* (Trad. Ingram Bywater) pp. [7] 348 (Citamos aquí la edición compilada en: Kaplan, Justin D. (et.al) *The Pocket Aristotle.* New York: Washington Square Press. 1958 pp. 340-379).

lo haga desde la miseria misma producida a partir de la eventualidad trágica como espectáculo de placer estético.

Podemos afirmar entonces que lo trágico de la vida real y su cotidianidad es en cierta manera repulsivo y no necesariamente debe generar placer estético. Lo irónico de la sociedad capitalista es que sí se puede (¡y hasta genera mucho dinero la tragedia!), y precisamente es posible por la sensación de espectadores que se les impone a los ciudadanos.[95] Esto en el sentido de que se consideran espectadores del espectáculo modernizador en tanto no son partícipes directos del mismo. En el *film*, quien se presenta activo en los altares y en los quehaceres del culto religiosos son los santos de yeso. Este aspecto denota una impotencia por parte de lo que representa la categoría de espectador que automáticamente se le impone a don Zoilo, quien al encontrar su vocación casi obsoleta, se imagina a sí mismo en un sentido de fuga. Lo trágico aquí es el transmutar del santero Cajigas de una posición de actor a una de espectador, verse a sí mismo sucumbir en el museo, sin poder hacer nada más al respecto.

-El objeto estético como problema

Podemos afirmar que el objeto de la estética en general es lo bello, o mejor dicho, lo que se percibe como bello. Pero esto último ya implica un fenómeno de percepción en vez de hacer referencia a las cualidades poseídas por determinados objetos o entes. Podemos hablar entonces de una construcción del objeto estético a partir de su percepción, conceptualización y la intuición eidética del sujeto que observa. Así pues, se diferencia entre la existencia natural de cualquier objeto indeterminado frente al objeto estético dentro de su formalidad y dentro

---

[95] Véase: Debort, Guy. *The Society of the Spectacle*. New York: Zone Books, 1994.

de su aparecer ante nuestras percepciones. Este aparecer depende de la actitud estética –no necesariamente contemplativa- del espectador hacia el objeto. Éste último existe en tanto suceda dicha experiencia estética, dentro de su duración y temporalidad. Podemos afirmar, pues, que el objeto tiene una expresión formal (estética) en tanto aparece como imagen sensible. Por lo tanto, el manifestarse de esta manera es característico y esencial de su existencia; es determinante en su forma de ser como obra de arte.

En cuanto al aparecer de las cosas y los entes en general, esto es, su irrupción al orden (o caos) de las apariencias, incluyendo el aparecer de las ideas y de aquello que consta como pensamiento, lo pensado y el acto de pensar, considero importante destacar lo que postula el filósofo Francisco José Ramos. En su obra *Estética del Pensamiento* plantea que:

> 1. Un aparecer es el momento emergente de una apariencia en el conjunto de las apariencias.
> 2. En tanto que aparecer, dicho momento es indiscernible, pues su punto de emergencia es también la puntualidad de su desaparición.
> 3. En tanto que apariencia, dicho momento es discernible en virtud de las condiciones que lo posibilitan.
> 4. En tanto que apariciones dichas condiciones son, a su vez, tan momentáneas como aquello que condicionan.
> 5. Lo real es la fuerza del aparecer y desaparecer instantáneos que sienta las condiciones para que algo aparezca como realidad. Lo real es efectivamente impresentable.[96]

En lo que nos concierne específicamente al objeto estético y lo que lo "posibilita" y "condiciona", propongo que éste se da cuando aquello que se percibe se intuye de manera tal que la experiencia que provoca se instaura en el sensorio y se entiende como una experiencia estética. Esto es que, según percibimos una silla y casi automáticamente intuimos que ésta es

---

[96] *Estética del Pensamiento*. Vol. II, p. 431.

para sentarse, cuando se confronta un artefacto artístico se percibe en éste "las condiciones que lo posibilitan", siendo estas la técnica e inspiración creativa del artista, las cuales también provocan que se intuya del objeto su deleite estético.

La aparición a la que hacemos referencia se da como fenómeno a doble vertiente. Por un lado, se revela como objeto de percepción sensible (forma y contenido) y, por el otro, se muestra como un objeto de percepción intelectualizada de una idea (ente que significa, que posee significado). En este sentido, lo que remite a la experiencia estética es lo bello como aparición sensible de la idea; o sea que lo bello no es la idea propiamente dicha como algo real, sino su aparición. Justamente evocamos aquí la aparición de una obra de arte. La *"cosa en sí"* se percibe como objeto estético en tanto aparece como imagen sensible y en tanto se experimenta de esta imagen su goce o su angustia. En tanto una verdad estética se manifieste en la cosa o en el objeto, se manifestará en ésta su artisticidad.

La obra de arte es un modo en que se da el objeto estético y tal forma sólo deviene fenomenológicamente con la mirada del espectador. El objeto estético es una ficción de la mirada. Esta mirada tiene que ser entendida en su carácter más profundo y primordial. La misma no sólo se refiere al acto de posar la vista sobre ese objeto que se estetiza con la mirada misma, de la cual nos enteramos subsiguientemente que el objeto tiene tal forma determinada, cierta altura, color, textura, material, etc., y, que luego como espectadores, seremos capaces de otorgarle un significado; sino que debemos entender el concepto de la mirada con todos sus agravantes filosóficos como aquello que da origen a lo que se quiere ver. Esto, no en el sentido tan amplio ni literal como pareciera ser, sino como "la conceptualización o elevación al nivel intelectual de la percepción, como punto de partida para todo juicio estético".[97]

---

[97] Altuna, Luis Rey. *Análisis Formal del Objeto Estético.* pp. [5] 87

Proponemos pues, conceptualizar la mirada como un prejuicio que trae a un tipo de conciencia específica el objeto que será juzgado, en este caso una conciencia estética que juzgará estéticamente un objeto. En el *film* ocurre que un objeto se mueve de conciencia, y por lo tanto, se ve trastocado el fenómeno de percepción del mismo; este es el santo de palo. En su aparecer natural-original, la imagen del santo de palo es proyectada en una conciencia religiosa y por ende, es juzgado como tal. Esta dimensión se acentúa cuando su valor-uso es uno trascendental y ubicado en una esfera de culto religioso y mística espiritual. Por más bella que sea su apariencia, ésta nunca estaría desligada de su origen religioso para adscribirle características meramente estéticas, esto a pesar de la amplia fama que tienen los santos de palo como artesanía folclórica puertorriqueña. Respecto a este proceso de transformación cultural, María Teresa Babín señala que:

> Los santos tallados por los santeros no adornan los altares de las iglesias, pero se refugian en las casas de los humildes campesinos que tienen fe en sus milagros. No obstante, ha surgido entre las clases cultas de Puerto Rico una pléyada de coleccionistas que se dedican con amor y celo artístico a la búsqueda y la conservación de santos, joyas de arte plástico cuya influencia empieza a sentirse en la pintura, en el grabado, en el dibujo y la escultura de carácter avanzado en técnicas modernas.[98]

La autora destaca que, aunque sí exista un interés estético y un valor-apreciativo por los santos de palo, su agente devocional y de profunda fe no es opacado ni relegado. Claro está que en la sociedad moderna-contemporánea existe un nuevo interés por la imaginería religiosa, pero a pesar de ello no es hasta su institucionalización en el museo –tal como se presenta

---

[98] *La Cultura de Puerto Rico*. San Juan: CEAPRC, 2008. pp. 135.

en el *film*- que la misma queda confirmada y validada. Respecto a este aspecto de la institucionalización, queremos destacar cómo el *film* presenta el cambio que ocurre a nivel de consciencia para que un objeto deje de ser percibido como usualmente se percibe. Exponemos la transfiguración perceptual del santo de palo como objeto de devoción religiosa a uno de devoción estética. En cualquier otro escenario tal acción sería vista como una blasfemia, pero en el *film* se presenta como una gran afirmación de un sentido nacional cultural. Es decir, reconocer ahora el valor estético del santo de palo implica al menos conocer, sino sentirse perteneciente a una tradición específica de la cual se origina un sentido de puertorriqueñidad muy peculiar.

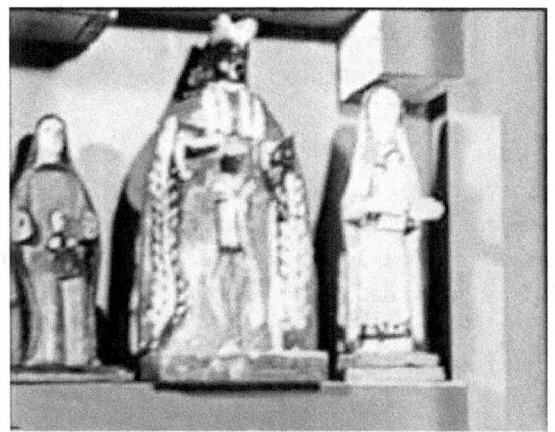

La Virgen tallada por don Zoilo (centro) que es expuesta en el museo.

Es interesante ver los paralelismos con el devenir religioso que conserva el santo de palo, aun después de institucionalizada la imaginería popular. Por ejemplo, su nuevo valor mayormente fundado en un goce estético más que religioso y, a su vez, referente de un sentido de identidad cultural, se asemeja a su función ancestral dentro de la teología católica que fue la de propagar la fe en la sociedad. Sólo que ahora no profesa una religión, sino una identidad cultural.

> Durante los primeros siglos de la era cristiana, la imaginería
> tuvo una finalidad principalmente didáctica. El arte fue útil
> para propagar la fe, para interpretarla y hacerla significativa
> al pueblo. La imaginería que adornaba las fachadas de las
> grandes catedrales no solo sirvió un propósito decorativo y
> complementario de las formas arquitectónicas, sino que cons-
> tituyó el instrumento más eficaz para la enseñanza de la his-
> toria del cristianismo y las doctrinas de la religión.[99]

El cambio de concebir un objeto religioso a uno estético, implica la retención de su capacidad de brindar entendimiento sobre algo. En este sentido, propongo que la capacidad del santo de palo para perpetuar la fe y los dogmas religiosos en los altares, funcionó de aquí en adelante como un esfuerzo para perpetuar los dogmas de una visión cultural. El museo, en sustitución del altar, implicó su nuevo aparecer como objeto cultural en la conciencia de quien la contempla. La influencia del museo, en cuanto a la mirada o la actitud que provoca, es una que vacía la actitud religiosa que provoca la imagen de palo en su contexto original. Tal como afirma Heidegger sobre los zapatos pintados por Van Gogh, su artisticidad se muestra en tanto se logra extraer el uso de la cosa.[100]

En este caso, se extrae el uso de culto religioso del santo de palo, pero se aprecia cómo esta estetización va a un nivel más allá de su propia asunción como objeto estético. Queda de manifiesto que el carácter de uso del objeto no desaparece del todo, sino que la nueva función institucional despliega en éste un uso que favorece una visión cultural particular, patrocinada la misma por el Estado. De esta manera la imaginería religiosa se convierte en parte esencial, sino principal de la iconografía

---

[99] Curbelo, Irene. *Santos de Puerto Rico*. San Juan: Museo de Santos de Puerto Rico, 1970. pp.7

[100] Véase su ensayo: *The Origin of the Work of Art*. (*Hago referencia aquí a la siguiente edición: Heidegger, Martin *Poetry, Language, Thought*. (Trad. Albert Hofstadter) New York: Harper Collins-Perennial Classics, 1971.)

de la cultura nacional y el arte popular, según la visión ideológica del nacionalismo cultural puertorriqueño en la era populista.

En tanto objeto estético, el santo de palo se presenta como tal en el *film*. Aunque éste no necesariamente se constituya como el principal objeto estético en *Santero*, sí queremos puntualizar el fenómeno de su construcción conceptual, en tanto el santo se muestra de primera intención como objeto religioso y luego como obra de arte, a saber, un objeto estetizado debido a unos procesos socio-políticos. Así mismo, dialécticamente hablando, dichos procesos socio-culturales son el contexto en el cual el *film* se sustenta y se integra como producto artístico-cultural de su tiempo histórico.

Como todo tiempo histórico, éste se desenvuelve en una trama, y en ella se despliegan sucesos que involucran personajes. En este aspecto extendemos nuestro análisis estético, incorporando al mismo la personalidad y la experiencia de vida de don Zoilo Cajigas como una experiencia estética.

Don Zoilo no es en sí un objeto estético en el *film*, sino que su devenir en el día a día se considera, y es presentado, como tal. Este día a día no necesariamente apela únicamente a una cotidianidad, más bien me refiero a un *everydayness*, a un quehacer de todos los días que se infunde desde lo más profundo del espíritu. La trascendencia de ello lo hace artístico, lo hace objeto de una mirada estética. Por ello, nos alejamos de lo que representa lo cotidiano u ordinario, porque a pesar de estar discutiendo el día a día, la mirada estética que proponemos apunta a lo extraordinario, a lo fuera de lo común. Heidegger menciona que la *techné*[101] suele ser ese conocimiento humano

---

[101] Los griegos usaban el término τέχνη (con regularidad también traducido *ars*, 'arte', y es la raíz etimológica de '*téchnica*'), para designar una habilidad mediante la cual se hace algo –generalmente, se transforma una realidad natural en una realidad "artifical". La *téchne* no es cualquier habilidad, sino una que sigue ciertas reglas. Por eso *téchne* significa también "oficio". *Véase TÉNICA: Ferrater-Mora, José. *Diccionario de Filosofía*. Editorial Sudamericana, 5ta Edición. 1964.

sin clasificación; y justamente deseo exponer al santero Cajigas, no como la personificación de una obra de arte, sino como poseedor y ejecutor de una *techné* que lo hace ser quien es.

> Such *Knowledge* is called *techné*. From the very outset the word is not, and never is, the designation of a 'making' and a producing; rather, it designates that knowledge which supports and conducts every human irruption into the midst of beings. For that reason *techné* is often the word for human knowledge without qualification.[102]

En un sentido sumamente elemental, Zoilo Cajigas es un viejo artesano de vida austera y humilde, al igual que sus creaciones. Su proceso de creación no necesariamente es considerado una actividad artística en su estricto sentido, pero de ella deviene una pasión que indiscutiblemente se eleva a niveles ulteriores de la sensibilidad creadora y la devoción religiosa que sus obras inspiran. La rutina del día a día de don Zoilo, su *everydayness*, junto con lo artístico que hay en ello, da paso a lo que verdaderamente es objeto de nuestra mirada estética, esto es, su experiencia (Erlebnis). La misma se manifiesta en la vida, lo vivido y en lo venidero como porvenir del santero Cajigas. Pareciera irónico entonces, el hecho de que el *film* destaque el ocaso de la práctica de la santería, a la vez que instaura al santero en uno de los lugares más privilegiados de la cultura nacional como sumo creador de "una de las manifestaciones más auténticas de nuestro arte popular puertorriqueño".

Esta mirada estética con la cual juzgamos a don Zoilo, es en cierto aspecto una mirada muy privilegiada. Aunque éste sea juzgado con criterios artísticos del mundo de las cosas bellas, existe un criterio religioso del mundo místico-espiritual al cual pertenece su creación artística, que impide una total penetración de dicha mirada estética, dirigida la misma a desvelar la

---

[102] Heidegger, Martin. Nietzsche. Vol. I (Trad. David Farrell Krell) New York: Harper One, 1991. pp. 81.

cosa en sí a través del deseo y su goce. En otras palabras, los criterios de cuestionamiento que se originan a partir de una mirada estética, se encuentran todos a su vez, en los criterios de cuestionamiento que se originan a partir de una mirada religiosa, lo cual no se sustenta de la manera contraria.

Por tal razón, la experiencia mística del santero Cajigas no es estética en sí, sino que se abre a consideraciones estéticas por la naturaleza artística del acto (o evento) de crear. Me refiero aquí a una artisticidad que se da o se manifiesta como poética de la vida creadora de don Zoilo, esto es el despliegue de la voluntad que da paso a que otras cosas existan a partir de su conocimiento como tallador de santos. Este punto nos trae de vuelta a la *techné*, porque se requiere cierto dominio del acto ejecutor, al igual que de la idea que desencadena el proceso creacional. Culminemos entonces con unas palabras de John Dewey acerca del artista y su creación:

> The real work of an artist is to build up an experience that is coherent in perception while moving with constant change in its development [...] It is no linguistic accident that "building", "construction", "work", designates both a process and its finished product. Without the meaning of the verb that of the noun remains blank.[103]

El *film,* a través de las técnicas cinematográficas discutidas en los capítulos anteriores, apunta a plasmar dicha esencia del oficio místico de la santería de palo (*techné* también es oficio). Para lograrlo, sólo se hizo ver lo verdaderamente sublime del santero Cajigas, más allá del simple fabricador de imágenes de madera para culto religioso que en esencia es. *Santero* encarna al último representante de una tradición ancestral que manifiesta el fervor y la expresión religiosa de un pueblo mediante la función que cumple en el imaginario sociocultural su creación. El *film* mismo sirve como proceso de curaduría para que

---

[103] *Art as Experience.* New York: Capricorn Books, 1958. pp. 51.

el personaje que es en vida el santero Cajigas se preserve en la memoria colectiva y en la del espectador.

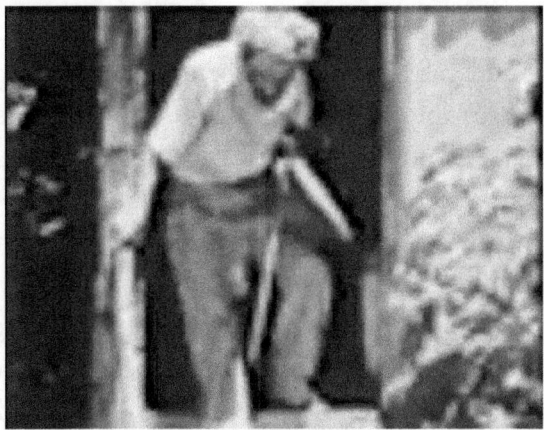

Don Zoilo comenzando su faena; con hacha en mano, va en busca del pedazo de madera que transformará mediante su saber.

-¿Un *film* neorrealista?

De alguna manera, las teorías estéticas han contribuido en el ámbito disciplinario de la Historia del Arte. La aportación de dicha disciplina ha logrado un mejor y mucho más sistemático entendimiento en torno a los géneros, movimientos y corrientes artísticas y su correspondiente periodización a través del tiempo. Sobre este respecto, reflexionamos sobre cuáles serían las cualidades estéticas de *Santero* que harían que éste perteneciese a algún género o movimiento artístico-cinematográfico específico. Para ello, consideramos una aproximación al cine neorrealista italiano.

El neorrealismo comienza en Italia a finales de la década de los 1930 y su auge se extendió hasta mediados y finales de los 1950. Éste cine se caracterizaba principalmente por su criticismo social en torno a la Segunda Guerra Mundial y a la realidad italiana en el periodo de la posguerra. Hay quienes también aluden sus orígenes a una forma de oposición al cine propagandístico del régimen fascista.

Era un cine esencialmente marcado por la situación (lo situacional), fundamentalmente presentado en el dramatismo de la realidad. Esto implicaba varias cosas, como por ejemplo el grabar fuera de estudios y preferir escenarios y localidades naturales. Su intento de eliminar lo artificial, llevaba a los neorrealistas a formular una nueva relación entre artista y la sociedad; por ende, existía un compromiso moral muy claro. En cierto sentido, podemos decir que la estética del cine neorrealista tenía cierta motivación ética con respecto a la realidad que presentaba en sus imágenes. Esta fidelidad a la realidad, vista como situación del momento, hacía que fuese común la improvisación de diálogos al igual que el uso de actores no profesionales en las películas.

> Se basa en la idea, ya mencionada, de presentar la realidad sin ningún artificio. Así, no es de extrañar que uno de los "estándares" del neorrealismo fuera el de "¡*Abajo las estrellas!*" El cine, como ya había experimentado Frederich Murnau, no necesitaba de actores, sino de hombres y mujeres (técnicamente los llamaban "tipos" –al más puro estilo costumbrista-naturalista de Zola o Galdós- en vez de actores) que narren su propia vida, que no actúen, sino que se comporten como son y que se encarnen a sí mismos. Se trata de una ecuación de base paritaria, ser = parecer. El actor, nos dice el neorrealismo, no debería existir, pues cada uno debe ser el intérprete de sí mismos y el querer que un hombre recite lo que experimenta otro es falsear la realidad.[104]

---

[104] Caldevilla-Domínguez, David. Neorrealismo Italiano. *Revista de Cine de la Biblioteca de la Facultad de Comunicación*. Núm.4 pp.26 en: http://fama2.us.es/fco/frame/frame4/estudios/1.4.pdf

Lo fáctico de la vida también era puesto en pantalla, en el sentido de que se destacaban los finales tristes, infelices o ambiguos. Además, el elemento de omnisciencia del cine clásico fue dejado atrás por un elemento de fragmentación de la realidad por medio de lo visual; no lo sabremos todo, sino que sabremos y veremos sólo fragmentos. En términos estético-formales, el neorrealismo destacaba principalmente los sentimientos, más que la imagen; ya que lo primordial para los neorrealistas era demostrar y provocar emociones en vez de exaltar los niveles estéticos de la composición de las tomas, tiros de cámara, ángulos, etc. Esto no quiere decir que lo visual, propiamente dicho, se desprecie, sino que se utiliza como medio, en vez de la finalidad en sí.

Estas son las principales características del neorrealismo italiano y, sobre todo, las que nos provocan adscribir a *Santero* en tales términos. Dada la época de producción del *film* (1954-56) y la notoria influencia que tuvo el neorrealismo a nivel mundial, entendemos que el mismo tiene elementos neorrealistas en su producción. El cine puertorriqueño de la DIVEDCO tiene en sus comienzos un aire didáctico muy acentuado, siendo el género documental la manera favorita en el que éste tipo de cine se formó. Aunque *Santero* no pertenece al género documental[105], lo vinculamos con la manera fiel en

---

[105] En varios escritos sobre la película, se refieren a ésta como un documental, sin embargo, en este análisis no; por el contrario, lo tratamos como creación ficcional. No obstante, reconocemos ciertas características del *film* que sí pertenecen al género documental; por ello proponemos que *Santero* pertenece al género del Docudrama. Éste se explica cómo *documental por un lado y drama por el otro*. El docudrama es una narración realísticamente imaginaria o imaginariamente real; narra estilizadamente una realidad. Su contenido es real y su forma es dramática-ficcional, el docudrama surge entonces, por esta peculiar unión entre forma y contenido en las imágenes puestas en escena.
Es documental porque:
1) está asociado con los hechos representados
2) se desenvuelve en una esfera —más o menos- objetiva
3) de alguna manera u otra se asimila con alguna realidad
Es drama porque:

que se intenta capturar la realidad en el neorrealismo. En primer lugar, examinaremos la temática del *film* y el cómo se problematiza la misma.

El *film* presenta el modo de vida y la obra del creador de santos de palo. Este hecho se incorpora al neorrealismo mediante una cinematografía de lo habitual[106] lo menos artificial posible; para ello se utilizan varios elementos. En primer lugar, el personaje principal de *Santero* no es un artista profesional, sino el propio santero. El recurso representacional expresa una característica fundamental del neorrealismo que busca eliminar o disminuir la actuación para logra una sinceridad relativamente cruda. Tal sinceridad representacional, por llamarla de alguna manera, se ejecuta en función de una posición moral en torno al personaje que se representa, algo así como una especie de ética del tipo representado. "Todas las causas tienen que ver con las condiciones de vida de las personas, y eso los convierte en representantes de la sociedad".[107]

En segundo lugar, entendemos que el tema del *film* es uno de motivación situacional, se trata del momento de transición hacia la modernidad. En este aspecto, la estética funge como una motivación ética con respecto a la realidad que se representa cinematográficamente. Es evidente que en el *film* existe cierto punto de vista político en torno a dicho proceso, pero no

---

1) su relato tiene una construcción ficcional
2) matiza y acentúa los sentimientos o emociones
3) su sentido es desarrollado a partir de la subjetividad

Véase: Idnovo Carlier, Sandra. "El secreto está en el relato: fortalezas y retos del docudrama en la era posmoderna". *Comunicación y Sociedad*. Vol. XIV, Núm.2 2001 y Raventós, Carme (et. al) "El docudrama contemporáneo: rasgos configuradores". *Trípodos*. Núm. 29, 2012.

[106] "Cesare Zavattini pensaba que el neorrealismo, elevado a su máxima expresión, debería representar simplemente la crónica de lo cotidiano, el relato de la vida habitual de un hombre reconstruyendo su jornada" […] *Según citado en: Neorrealismo Italiano*. pp.31.

[107] Fernández-Verdeal, Francisco. *El Cine Neorrealista Italiano*. Biblioteca de Derecho U.A.M. pp. 7. En: http://biblioteca.uam.es/derecho/documentos/cine/neorrealismo.pdf.

debemos olvidar que el medio mismo, el cine como expresión, es en sí mismo politizado por sus diferentes temáticas, objetivos y funciones sociales.

Dentro de la DIVEDCO se filmaron cientos de documentales y dramas dirigidos a mejorar la calidad de vida de las comunidades puertorriqueñas; es en este aspecto que se confirma su carácter de herramienta política como un tipo se servicio público. Más que una crítica (aunque si la hubo), el rol político-didáctico de las producciones de la DIVEDCO, incluyendo *Santero,* fue un instrumento político más del Estado para reproducir una ideología particular y alimentar un imaginario social de unos anhelos conflictivos con la modernidad. En este sentido el cine de la DIVEDCO, aunque sirvió como vehículo de denuncia social, tuvo más una función de propaganda como aparato ideológico. Ciertamente se construyó una memoria cinematográfica de ímpetu moralista en torno a la identidad nacional puertorriqueña.

En el ensayo de Álvarez-Curbelo que ya citamos, la autora afirma que:

> El establecimiento de un formidable plantel de talento a todos los niveles de la producción que logró la División pudo haber sido la plataforma para un proyecto de cine nacional a la manera quizás de neorrealismo italiano al cual se sentía hermandado por su plataforma popular y de movilización política. Sin embargo, la creciente burocratización, el dirigismo ideológico, el excesivo didactismo y un cierto catarismo o discurso moralizante presente en mayor o menor grado en las películas fueron convirtiéndose en los principales obstáculos.[108]

---

[108] Álvarez-Curbelo, Silvia. Vidas prestadas: El cine y la puertorriqueñidad. *Revista de Crítica Literaria Latinoamericana.* Año XXIII, No.45, 1997. pp.395-410.

Desde este punto de vista queremos señalar que, a pesar de exponer con efectividad la problemática social del país, la mayor limitación de la DIVEDCO fue el estar posicionado dentro de las delimitaciones del Estado. Además de ello, el *excesivo didactismo* tan característico del cine de la División que plantea Álvarez-Curbelo, representaba en cierta medida una limitación a la libre creatividad de los artistas, y sobre todo a la profundización y exploración de éstos en otros temas más comunes al cine comercial; temas usualmente marginados dentro del canon ideológico de la DIVEDCO.

Otra característica del neorrealismo que mencionamos es la de los finales infelices y/o ambiguos. En el caso de *Santero*, el final del *film* tiene algunas implicaciones que no son del todo felices, pero tampoco podemos argumentar lo contrario. Más bien decimos que el final es algo ambiguo, aunque no necesariamente es uno "*abierto a la interpretación*" como se suele decir coloquialmente; ya que es obvio que todo está mediado por un tipo de interpretación. Me refiero a que la ambigüedad que presenta el final del *film* repercute en el cambio de significación de un objeto de la cultura y su creador, en el devenir de ambos a partir del suceso representado en el *film*.

Por un lado, podemos afirmar que la museificación de la obra del santero Cajigas rinde cierto tributo a éste y su obra, aunque a la misma vez, lo que llevó a tal museificación -el desprecio de las personas del pueblo y su predilección por los santos de yeso-, son motivo de angustia. Precisamente dicha angustia puede ser interpretada como un llamado a la conciencia del pueblo, para que se den cuenta del proceso en el que están inmersos y cuales han sido y serán algunas de sus consecuencias.

Además de estas cuestiones estético-formales, hay aspectos técnicos en cuanto a la grabación de un *film* al estilo neorrealista que también están presentes en *Santero*. En primer lugar: el uso de localidades o escenarios naturales para las grabaciones (fuera de los estudios profesionales). En *Santero* vemos que no se utilizan estudios de grabación, sino que se graba en localidades públicas como lo es la iglesia, la plaza y el museo. La otra localidad es la casa/taller de don Zoilo y ésta tampoco fue una representación cinematográfica en estudios profesionales. En segundo lugar, el hecho de grabar a la intemperie produce otras eventualidades técnicas que también se ven implicadas y hasta resaltadas estéticamente en la producción de cine neorrealista. Ejemplo de esta característica es en el manejo de poca o ninguna iluminación y el sonido, que era añadido luego en un estudio, esto por lo complicado de grabar audio en escenarios naturales.

Vemos pues, que dentro de sus variantes y limitaciones, el *film* tiene unos elementos de la expresividad cinematográfica del neorrealismo italiano que se distinguen de una manera relativamente clara. En sus comienzos, el cine neorrealista se alejaba de la censura y de las imposturas ideológicas del Estado-Nación italiano, a favor de una voz cargada de fuerza política y de crítica social. En la DIVEDCO dicha voz no podía gritar o apenas hablaba; y hasta cierto punto, hacía coro con la ideología dominante y hegemónica del país.

CONCLUSIONES

El *film Santero*, como producto cultural de una cinematografía puertorriqueña, nos permite explorar un imaginario artístico íntimamente ligado e influenciado por una identidad nacional intencionada a ser colectiva, pero de manera subjetiva. Según ocurrió con la plástica puertorriqueña de la década de los 1950, la cinematografía, representada principalmente por las producciones de la DIVEDCO, también fue protagonista principal en el frenesí del etno-espectáculo cultural icónico de la época.[109] La novedad del cine en aquel entonces hacía de éste una experiencia refrescante al público. Las producciones comunitarias de la División permitieron no sólo la integración del medio fílmico a un modo accesible mediante la colaboración directa con y de la comunidad, sino también la oportunidad de verse a sí mismo representado en la pantalla grande. Este hecho no sólo implica mirarnos, sino imaginarnos. Implica también una confabulación a nivel representacional entre el deseo de querer ser y cierta negación de lo que se es. Quizás toda representación artística posea tal bifurcación, pero al suceder ésta dentro de los contornos de un imaginario de identidad (lo que se es o lo que uno asume que se es), dicho fenómeno toma matices existenciales mucho más arraigados. Pensemos pues, en la mentalidad del colonizado, ya que éste

---

[109] "Es así que la insoportable alteridad que constituía lo nacional como innombrable antagónico, como significante que no ingresa cómodamente en una lógica de la diferencia, es domesticada mediante la puertorriqueñidad como etnicidad. Estimulado por la exotización espectacular, lo étnico ingresa en las tablas comparables de su propia inversión. Sustituida, combinada, conmutada, maleada, gradada, la puertorriqueñidad, étnica ocupa desde entonces el puesto axiológico de la medida de lealtad al orden de mando simbólico." En: Torrecilla, Arturo. *La Ansiedad de Ser Puertorriqueño: Etnoespectáculo e hiperviolencia en la modernidad líquida*. San Juan: Ediciones Vértigo, 2004. pp. 55.

no vacilará ni un instante al momento de sumergirse en la imaginación de sí mismo; momento oportuno en el que éste individuo podrá imaginarse sin la condición que le atañe, su condición colonial.

Esta neurosis identitaria que exhibe cualquiera que caiga en el flujo multivalente de las identidades nacionales, demuestra un sentimiento de pesadumbre por alguna molestia profunda como el colonialismo, la colonialidad de su pensamiento y una modernidad acelerada e inconclusa.[110] Esto genera una estrepitosa caída en lo imaginado como una dimensión simbólica de su propia realidad. Cuando este proceso ocurre como gesto político, se convierte en una fosa ideológica manifestada endógena y exógenamente por el individuo y siempre activa en la codificación de su propia representatividad y realidad.

La cinematografía de la DIVEDCO alimentó, pues, las cadenas de imaginación en torno a esta identidad, dejando una vasta gramática visual de lo puertorriqueño que ha perdurado poderosamente hasta nuestros días. Aquel imaginario demuestra ser intrínsecamente ideológico y sobre el cual se han fundamentado los cimientos del canon visual e iconográfico de lo que hoy día llamamos los símbolos de la cultura nacional puertorriqueña. Como resultado, la conceptualización de la cultura nacional puertorriqueña adquiere la forma de un discurso romántico. El nacionalismo cultural contemporáneo se fundamenta en dicho romanticismo cuando en su ejecución política aún apela a constructos discursivos como *"patria"*, *"nación"*, *"pueblo"*, etc.

---

[110] "La ansiedad *portorricensis* en lo concerniente a la identidad no es una excepción, sino una variante singular más de un proceso generalizado, Otros países del entorno caribeño han experimentado a lo largo del siglo pasado, como Puerto Rico, la gran marcha desde el monocultivo agrícola a la monocultura de la identidad como médium de acumulación de capital. En el Caribe y en tantas otras partes se viven manifestaciones similares de esa "derrota de lo reproductivo, de lo sólido, de lo rígido, por lo simulacional, por lo líquido, por lo liviano, en el terreno identitario" En: Duchesne Winter, Juan. *Fugas Incomunistas: Ensayos*. San Juan: Ediciones Vértigo, 2005. pp.24.

La identidad como un categórico formal-existencial, también sucumbe a dichos patrones que hemos denominado como estética puertorriqueñista. Aún en el Puerto Rico contemporáneo está presente el gran eco de tales nociones estéticas para referirse a la alusiva *"forma de ser"* del puertorriqueño, sobre todo en cierto sector neo-nacionalista del país. Con el prefijo neo se apela a esa nueva –y ni tan nueva- élite, que con el viejo discurso del nacionalismo cultural, se ubica en una cómoda posición política; ambiguamente justificada por una rígida y dogmática definición moralista y esencialista de la identidad puertorriqueña. Como resultado de tal posicionamiento ideológico se desarrolla un discurso desvirtuado de acción política real, sumergido en una retórica culturalista por demás romántica y anticuada. Éste romanticismo se denota en la nostalgia al pasado, la tradición, la ortodoxia y el cuidado taxonómico que se le otorga a la cuestión de identidad. En consecuencia, la identidad puertorriqueña, se constituye como un bloque hegemónico de consenso en el desarrollo del imaginario sociopolítico puertorriqueño.

En el *film*, todas estas cuestiones adquieren matices de sacralidad. Como destacamos en el primer capítulo, este fenómeno surge a raíz de la inherente sacralidad que posee don Zoilo Cajigas gracias a su místico oficio y vocación. Así pues, el relato de lo cultural que se encuentra subyacente en *Santero*, se reviste de dicha sacralidad para presentar su propia eventualidad también como sagrada. De esta manera se busca emplear una verdad trascendental del relato mito-lógico-religioso a su versión de lo cultural.

Destacamos también, el proceso de institucionalización cultural que el *film* expone mediante el evento de la *museificación*. El mismo lo conceptualizamos como un trastoque semiótico a nivel de significantes culturales, tanto en la práctica de la santería como en la materialidad del santo de palo. Esta transposición entre altar y museo, no sólo conlleva el reconocimiento estético merecido del santo de palo para su *museificación* y la elevación a rango sagrado del museo para que acoja a este artefacto místico, sino que implica también el relevo de la conciencia que juzga el objeto. Ya no es una conciencia religiosa la que se estimula ante el aparecer de un objeto de culto religioso, sino una conciencia estética que goza el aparecer de un objeto que será juzgado estéticamente. Ya que toda estética posee una ideología que le sirve de base y fundamentación, identificamos que para la función política que debía cumplir tal ejercicio de estetización, la ideología imperante fue la del nacionalismo cultural.

Lo que antes emanaba de una naturalidad y espontaneidad típicamente característica de la creación artística y cultural libre, hoy día presencia su renacimiento en una nueva función política e intelectual; no como hecho aislado de la contemporaneidad, sino cómo parte de una avalancha de significantes político-culturales que entraron a escena o se reconfiguraron durante la década de los 1950.

> A veces, la razón para estimular el renacimiento de una tradición es el deseo de perpetuar un símbolo étnico. Pero, con ello sólo se logra institucionalizar la nostalgia, comercializar el arte y mutilarlo como vehículo de expresión cultural. Lo triste es que en la medida que se amarra la expresión a formas inertes, se enturbia y opaca el ser cultural. Esto lastra la espontaneidad y capacidad innovadora que son, al final del camino, las únicas que pueden producir motivos genuinos para afianzar la estimación propia como pueblo.[111]

Vivir el revivir de las identidades es caer en el cauce de su simulación; lo que Baudrillard llamaría el *incautamiento* de lo real por la hyperrealidad de la simulación. El colapso de los

---

[111] Curbelo, Irene. *El Arte de los Santeros Puertorriqueños*. San Juan: Instituto de Cultura Puertorriqueña-Sociedad Amigos del Museo de Santos, 1986. pp.15.

viejos significados se muestra entonces, no sólo como una insuficiencia intelectiva de éstos, sino también como un vaciamiento y liquidación tanto de su forma como de su contenido, y también de su significancia en total vista como su virtud de significar.

BIBLIOGRAFÍA

Film:

Santero. Dir. Amílcar Tirado. División de Educación de la Comunidad, 1956.

Libros y Secciones de Libros:

Cine, arte, estética y filosofía

Alicea, Dennis. "Las Imágenes y las Formas del Entendimiento". En: *Los Rostros de la Crítica: ensayos filosóficos*. San Juan: Ediciones Callejón, 2012. pp. 87-107.

Aumont, Jacques. (et. al) *Aesthetics of Film*. Austin: University of Texas Press, 1992.

Barthes, Roland. *La Torre Eiffel: Textos sobre la imagen*. Barcelona: Paidós, 2001.

Baudrillard, Jean. *For a Critique of the Political Economy of the Sign*. Telos Press, 1981.

_____. *The Conspiracy of Art*. New York: Semiotext (e), 2005.

Belaval, Yvon. (Ed.) *La Filosofía Alemana de Leibniz a Hegel*. (*Historia de la Filosofía*. Tomo 7) México DF: Siglo XXI, 2005.

_____. *La Filosofía en el Siglo XX*. (*Historia de la Filosofía*. Tomo 10) México DF: Siglo XXI, 2002.

Burke, Edmund. *De lo Sublime y de lo Bello*. Editorial Alianza, 2005.

Cabrera Collazo, Rafael L. "Iconografía de la modernidad: la División de Educación de la Comunidad y la política cultural en el Puerto Rico de los Cincuenta". En: Marzal Felici, Javier y Francisco Javier López Tarín (ed.) *Metodologías de análisis del Film*. Madrid: Editorial Edipo, 2007.

Casetti, Francesco y Federico Di Chio. *Cómo Analizar un Film*. Barcelona: Paidós, 1991.

Cassirer, Ernst. *Antropología Filosófica*. México DF: Fondo de Cultura Económica, 2001.

Cordua, Carla. *Idea y Figura: el concepto hegeliano del arte*. Rio Piedras: Editorial Universidad de Puerto Rico, 1979.

Curbelo, Irene. *La Expresividad en el Otro: Cómo Entender y Gozar los Santos de Puerto Rico*. Tampa: Diomedes Press, 2003.

_____. *Santos de Puerto Rico*. San Juan: Museo de Santos de Puerto Rico, 1970.

Cruz-Cruz, María del Socorro. *Estética de la violencia*. San Juan: Ediciones Callejón, 2011.

Delano, Jack. "Mi Participación en Los Comienzos de la División de Educación de la Comunidad". En: Álvarez-Curbelo, Silvia. (et. al) *Idilio Tropical: La Aventura del Cine Puertorriqueño*. San Juan: Banco Popular de Puerto Rico, 1994.

Dewey, John. *Art as Experience*. New York: Capricorn Books, 1958.

Ferrater-Mora, José. *Diccionario de Filosofía*. Editorial Sudamericana, 5ta Edición. 1964©

Gadamer, Hans-Georg. *La Actualidad de lo Bello*. Barcelona: Paidós, 1977.

_____. *Truth and Method*. Londres: Continuum, 2006.

_____. *Philosophical Hermeneutics*. Londres: University of California Press, 2008.

García, Joaquín. *Breve Historia del Cine Puertorriqueño*. Bayamón: Taller de Cine La Red Inc., 1989.

Gómez Tarín, Francisco Javier. *El Análisis del Texto Fílmico*. Biblioteca On-line de Ciências da Comunicação *(www.bocc.ubi.pt)*, 2006. (Digital)

Greimas, A.J. (et.at.) *Ensayos de Semiótica Poética*. Barcelona: Editorial Planeta, 1976.

Gutierrez, Edgardo. *Indagaciones Estéticas*. Buenos Aires: Editorial Altamira, 2004.

Hegel, Georg W.F. *De lo Bello y sus Formas (Estética)*. Madrid: Colección Austral, 1969.

Heidegger, Martin. *Nietzsche (Volume I: The Will to Power as Art)* New York: Harper One, 1991.

_____. *Poetry, Language, Thought*. New York: Harper Collins-Perennial Classics, 1971.

Kaplan, Justin D. (et.al) *The Pocket Aristotle*. New York: Washington Square Press. 1958.

León, Aurora. *El Museo: Teoría, praxis y utopía*. (5ta ed.) Madrid: Cátedra, 1990.

Lotman, Yuri M. *Estética y Semiótica del Cine*. Barcelona: Editorial Gustavo Gili, 1979.

Mediavilla de Toste, Nitza. *Santos al Desnudo*. Ediciones Puerto, 2005.

Melgar, María C. (et. al) *Psicoanálisis y Arte: Del método psicoanalítico al encuentro con lo enigmático en las artes visuales*. Buenos Aires: Grupo Editorial Lumen, 2003.

Monaco, James. *How to Read a Film: Movies, Media and Beyond*. (4ta. Ed.) New York: Oxford University Press, 2009.

Mongil Echandi, Inés y Rosario Albert, Luis. "Cine con Propósito". En: Álvarez-Curbelo, Silvia. (et. al) *Idilio Tropical: La Aventura del Cine Puertorriqueño*. San Juan: Banco Popular de Puerto Rico, 1994.

Negrón-Muntaner, Frances. "Los Dos Sueños de Jacobo: Cine y nación en la obra de Jacobo Morales". En: Díaz Zambrana, Rosana y Patricia Tomé (Eds.) *Cinema Paraíso: representaciones e imágenes audiovisuales en el caribe hispano*. San Juan: Editorial Isla Negra, 2010.

Ortega y Gasset, José. *The Deshumanization of Art. And other writings on art and culture*. Garden City, NY: Doubleday Anchor Book, 1956.

Palmer, Richard E. *Hermeneutics: Interpretation Theory in Schleiermacher, Dilthey, Heidegger, and Gadamer*. Evanston, IL: Northwestern University Press, 1969.

Ramos, Francisco José. *Estética del Pensamiento: El drama de la escritura filosófica*. Madrid: Editorial Fundamentos, 1998.

_____. *Estética del Pensamiento II: La danza en el laberinto (mediaciones sobre el arte y la acción humana)*. Madrid: Editorial Fundamentos-Editorial Tal Cual, 2003.

_____. *La Significación del Lenguaje Poético*. Madrid: Ediciones Antígona, 2012.

Rodríguez, María Cristina. "La Aventura de la Identidad en el Cine Puertorriqueño de Hoy". En: Álvarez-Curbelo, Silvia. (et. al) *Idilio Tropical: La Aventura del Cine Puertorriqueño*. San Juan: Banco Popular de Puerto Rico, 1994.

Sadoul, Georges. *Historia del Cine Mundial*. Mexico DF: Siglo XXI Editores, 1985.

Serrano-Lebrón, Alex. "Cine puertorriqueño e ideología: La década de 1990 y su vuelta al pasado". En: Díaz Zambrana, Rosana y Patricia Tomé (Eds.) *Cinema Paraíso: representaciones e imágenes audiovisuales en el caribe hispano*. San Juan: Editorial Isla Negra, 2010.

Tió Fernandez, Teresa. "Sobre las Artes y la División de Educación de la Comunidad". En: *El Archivo Luis Muñoz Marín: una ventana para el estudio de la historia puertorriqueña*. San Juan: Fundación Puertorriqueña para las Humanidades, 2000. pp.35-44

Tierno-Galván, Enrique. *La Realidad Como Resultado*. Rio Piedras: Ediciones La Torre, 1966.

Tollinchi, Esteban. *Los Trabajos de la Belleza Modernista: 1848-1945...* Rio Piedras: Editorial de la Universidad de Puerto Rico, 2004.

Traba, Marta. *La Rebelión de los Santos*. Rio Piedras: Ediciones Puerto-Museo de los Santos, 1972.

Vattimo, Gianni. *Ética de la interpretación*. Barcelona: Paidós, 1991.

Vidal, Teodoro. *Santeros Puertorriqueños*. San Juan: Ediciones Alba, 1979.

W.J.T. Mitchel. *Iconology: image, text, ideology*. Chicago: The University of Chicago Press, 1987.

_____. (ed.) *The Language of Images*. Chicago-London: The University of Chicago Press, 1980

Wolff, Janet. *The Social Production of Art*. New York: St. Martin's Press, 1981.

Historia, teoría sociocultural y sociología

Anderson, Benedict. *Imagined Communities: Reflections on the Origin and Spread of Nationalism*. London: Verso, 2006.

Ayala César J. y Rafael Bernabé. *Puerto Rico in the American Century: A history since 1898*. North Carolina: University of North Carolina Press, 2007.

Babín, María Teresa. *La Cultura de Puerto Rico*. San Juan: CEAPRC, 2008.

Baudrillard, Jean. *Simulacra and Simulation*. Ann Arbor: University of Michigan Press, 1994.

_____. *The Transparency of Evil: Essays on Extreme Phenomena*. Londres: Verso, 2009.

Bauman, Zygmunt. *En Busca de la Política*. México DF: Fondo de Cultura Económica, 2002.

Berger, Peter L. y Thomas Luckmann. *The Social Construction of Reality: a treatise in the sociology of knowledge*. New York: Anchor Books, 1967.

Bhabha, Homi K. (ed.) *Nation and Narration*. London: Routledge, 1990.

Charaudeau, Patric y Dominique Maingueneau. (directores) *Diccionario de Análisis de Discurso*. Buenos Aires: Amorrortu Editores, 2002.

Chukwudi Eze, Emmanuel (et.al) *El Color de la Razón: Racismo epistemológico y razón imperial*. Buenos Aires: Ediciones del Signo, 2008.

Dávila, Arlene M. *Sponsored Identities: Cultural politics in Puerto Rico*. Philadelphia: Temple University Press, 1997.

Debord, Guy. *The Society of the Spectacle*. New York: Zone Books, 1994.

Díaz, Luis Felipe. *Modernidad, Posmodernidad y Tecnocultura Actual*. Río Piedras: Publicaciones Gaviota, 2011.

_____. y Marc Zimmerman. (ed.) *Globalización, Nación y Postmodernidad: Estudios Culturales Puertorriqueños*. San Juan: Editorial La Casa, 2001.

Duchesne Winter, Juan. *Fugas Incomunistas: Ensayos*. San Juan: Ediciones Vértigo, 2005.

Eagleton, Terry. *Ideology: An Introduction*. London: Verso, 1991.

_____. *La Estética como Ideología*. Madrid: Editorial Trotta, 2006.

Eliade, Mircea. *Lo Sagrado y Lo Profano*. Barcelona: Paidós, 1998.

Gaskell, Iván. *Historia de las Imágenes*. Peter Burke (ed.), *Formas de Hacer Historia*. Madrid: Alianza Editorial S.A, 1994. pp. 209-239.

Geertz, Clifford. *The Interpretation of Cultures*. New York: Basic Books, 1973.

Harvey, Edwin R. *Legislación Cultural Puertorriqueña y Legislación Cultural Comparada*. San Juan: Instituto de Cultura Puertorriqueña, 1988.

Hobsbawn, Eric (et.al). *The Invention of Tradition*. Cambridge: Cambridge University Press, 2004.

Hutchinson, John. *Cultural Nationalism and Moral Regeneration*. En: *Nationalism*. Hutchinson, John and Anthony D. Smith (ed.) Oxford-New York: Oxford University Press, 1994.

Lagorio, Carlos. *Cultura Sin Sujeto: El dominio de la imagen en la posmodernidad*. Buenos Aires: Editorial Biblos, 1998.

Marsh-Kennerley, Catherine. "Mirada crítica a la Serenidad: Aproximaciones pedagógicas a las negociaciones culturales de Operación Serenidad". En: *Explorando la Operación Serenidad*. San Juan: Fundación Luis Muñoz Marín, 2011.

_____. *Negociaciones Culturales: Los intelectuales y el proyecto pedagógico muñocista*. San Juan: Ediciones Callejón, 2009.

McMahan, Jeff. "The Limits of National Partiality". En: *Morality of Nationalism*. Robert Mckim and Jeff McMahan (ed.) Oxford-New York: Oxford University Press, 1997.

Mills, C. Wright. *The Sociological Imagination*. New York: Oxford University Press, 1967.

Moreno-Plaza, Gabriel. *La Liberación del Lector en la Sociedad Posmoderna: Ensayos de interpretación abierta*. Río Piedras: Editorial de la Universidad de Puerto Rico, 1998.

Morse, Richard M. "The Multiverse of Latin American Identity, c. 1920 – c. 1970". En: Bethell, Leslie (ed.) *Ideas and Ideologies in Twenieth Century Latin America*. London: Cambridge University Press, 1996.

Pabón, Carlos. (ed.) *El pasado ya no es lo que era: La historia en tiempos de incertidumbre*. San Juan: Ediciones Vértigo, 2005.

_____ . *Nación Postmortem: Ensayos sobre los tiempos de insoportable ambigüedad*. San Juan: Ediciones Callejón, 2003.

Payne, Michael. (ed.) *Diccionario de Teoría Crítica y Estudios Culturales*. Buenos Aires: Paidós, 2006.

Rivera, José A. *El pensamiento político de Luis Muñoz Marín*. San Juan: Fundación LMM, 1996.

Rodríguez Cancel, Jaime. "Defensa de la Cultura Nacional (1915-1983)". En: García Passalacqua, Juan Manuel (ed.) *Vate, de la Cuna a la Cripta: el nacionalismo cultural de Luis Muñiz Marín*. San Juan: Editorial LEA, 1998. pp.301-337.

_____. *La Guerra Fría y el sexenio de la puertorriqueñidad: Afirmación nacional y políticas culturales*. San Juan: Ediciones Puerto, 2007.

Rodríguez Castro, María Elena. "Foro de 1940: Las pasiones y los intereses se dan la mano". En: Álvarez-Curbelo, Silvia y María Elena Rodríguez Castro (eds.) *Del Nacionalismo al Populismo: Cultura y Política en Puerto Rico*. Rio Piedras, Ediciones Huracán, 1993. pp.60-105

Rodríguez Vásquez, José Juan. *El Sueño que no Cesa: La nación deseada en el debate intelectual y político puertorriqueño, 1920-1940*. San Juan: Fundación para la Libertad-Ediciones Callejón, 2004.

Suárez Martínez, Alberto. "El Nacionalismo Cultural (1953-1959)". En: García Passalacqua, Juan Manuel (ed.) *Vate, de la Cuna a la Cripta: el nacionalismo cultural de Luis Muñiz Marín*. San Juan: Editorial LEA, 1998. pp.227-245

Torrecilla, Arturo. *La Ansiedad de Ser Puertorriqueño: Etnoespectáculo e hiperviolencia en la modernidad líquida*. San Juan: Ediciones Vértigo, 2004.

Wells, Henry. *La Modernización de Puerto Rico: Un análisis político de valores e instituciones en proceso de cambio*. Rio Piedras: Editorial Universitaria, 1979.

Zayas Micheli, Luis O. *Catolicismo Popular en Puerto Rico: una explicación sociológica*. Ponce: Editorial Raíces, 1990.

Revistas, Publicaciones Periódicas y Sitios Web:

Altuna, Luis Rey. "Análisis Formal del Objeto Estético". *Anuario Filosófico.* Vol.11 Núm.2, 1978.

Álvarez-Curbelo, Silvia. "Vidas prestadas: El cine y la puertorriqueñidad". *Revista de Crítica Literaria Latinoamericana.* Año XXIII, No.45, 1997 pp.395-410.

Aullón de Haro, Pedro. "Estética y Objeto Estético". *Caracteres Literarios.* ISSN 1576-7116, pp. 125-130.

Cabot, Mateu. "El criterio estético en el cine". *XLLII Congreso de Filósofos Jóvenes*, Salamanca 14 abril 2005.

Caldevilla-Domínguez, David. "Neorrealismo Italiano". *Revista de Cine de la Biblioteca de la Facultad de Comunicación.* Núm.4

Carrillo Canán, Alberto J. L. "Cultura: ¿sacralización de lo banal?" *A Parte Rei: revista de filosofía.* Núm. 19.

_____. "La Identidad Nacional y el Cine". *A Parte Rei: revista de filosofía.* Núm. 70 julio 2010.

Córdova, Nathaniel I. "In his image and likeness: The Puerto Rican jíbaro as political icon". *Centro Journal.* Vol. XVII, No.2 Fall 2005.

Duits, Rufus. "Heidegger and Metaphysical Aesthetics". *Postgraduate Journal of Aesthetics.* Vol. 1, No. 1 April 2004.

Echeverri Jaramillo, Andrea. "La Producción de Sentido en el Cine". En:
http://academia.edu/440286/La_produccion_de_sentido_en_el_cine

Fernández-Verdeal, Francisco. "El Cine Neorrealista Italiano". Biblioteca de Derecho U.A.M. pp. 7. En: http://biblioteca.uam.es/derecho/documentos/cine/neorrealismo.pdf

Flores Carrión, Marisel. "Cuarenta Años de Cine Puertorriqueño". En: http://www.preb.com/devisita/marisel.htm

Forbes, Elliot. "Randall Thompson: Brief life of a choral composer: 1899-1984". *Harvard Magazine*, Julo-Agosto 2001. En: http://harvard-magazine.com/2001/07/randall-thompson.html

García de Molero, Írida y José Enrique Finol. "Semiótica del cine: Un modelo dialógico simétrico/asimétrico para el análisis del texto/discurso fílmico". *QUÓRUM ACADÉMICO.* Vol.3, No. 1 enero-junio 2006 pp.77-104

Ghouas, Nessim. "Understanding Anthropology through Interpretation of Symbolic forms of Expression". *A Parte Rei: revista de filosofía.* Núm. 39.

González-Miranda, Francisco. "Hacia una historia de la música en el cine de la divedco". *Revista Resonancias.* Núm. 6 Año 3, julio-diciembre 2003 p.14-19

Guibernau, Montserrat. "Anthony D Smith on nations and nationality: a critical assessment". *Nations and Nationalism.* 10 (1/2), 2004

Hainic, Cristian. "The Heideggerian Roots of Everyday Aesthetics: A hermeneutical Approach to Art". *Proceedings of the European Society for Aesthetics.* Vol. 4, 2012.

Hopkins, Robert. "What Do We See in Films?" *The Journal of Aesthetics and art Criticism.* Vol. 66, No. 2 Spring 2008, pp. 149-159.

Idnovo Carlier, Sandra. "El secreto está en el relato: fortalezas y retos del docudrama en la era posmoderna". *Comunicación y Sociedad.* Vol. XIV, Núm. 2, 2001.

Karczmarczyk, Pedro. "La Subjetivización de la Estética y el Valor Cognitivo del Arte en Gadamer". *Analogía Filosófica.* Año XXI, No. 1, 2007, pp. 127-173.

Laverty, Susann, M. "Hermeneutic Phenomenology and Phenomenology: A Comparison of Historical and Methodological Considerations". *International Journal of Qualitative Methods* Núm.2 Vol.3, September 2003.

Little, Daniel. "Objectivity, Truth, and Method: A Philosopher's Perspective on the Social Sciences Commentary". *Anthropology Newsletter*, November 1995.

Livingstone, Paisley. "Theses on Cinema as Philosophy". *The Journal of Aesthetics and art Criticism*. Vol.64, No.1 Winter, 2006 pp. 11-18.

López, Ramón. "El valor histórico de la artesanía puertorriqueña". Cuadernos de Cultura. Núm. 6, segunda edición. San Juan: Instituto de Cultura Puertorriqueña, 2004.

Márquez, Juan Luis. "La Cinta El Santero de Aguada es Filmada en Depto. Educaci[ón]". *El Mundo* miércoles 23 de julio 1952. Microficha

Negrón Hernández, Luis R. "Kyrie eléison, Christe eléison: Origen histórico, significado, uso en la liturgia". *Puerto Rico en Breve* En: http://www.preb.com/amen/kyrie.htm

Padrón, José. "Música y lenguaje cinematográfico". *Revista Resonancias*. Núm. 6 Año 3, julio-diciembre 2003 p.20-23

Piñuel Raigada, José Luis. "Epistemología, Metodología y Técnicas del Análisis de Contenido". *Estudios de Sociolingüística*. Núm. 3, Vol. 1, 2002

Raventós, Carme (et. al) "El docudrama contemporáneo: rasgos configuradores". *Trípodos*. Núm. 29, 2012. pp. 117- 132

Reyes Padró, Carmen. "Bella Película sobre Don Zoilo, El Santero". *El Mundo* miércoles 7 de marzo 1962. Microficha.

Rivera, Ángel M. "Cine Puertorriqueño de la Segunda Mitad del Siglo XX". *Revista del Instituto de Cultura Puertorriqueña*. Año 2, Núm. 4 Segunda Serie. Julio-diciembre 2001

Rojas Osorio, Carlos. "El Arte de la Interpretación". *Exegesis*. Año, Núm. 2 enero-abril 1987

_____. "Estética y hermenéutica en Gadamer". *Primer Congreso Virtual Humanístico del Caribe*. UPR Humacao, 2002 En: http://www1.uprh.edu/cvhc/carlosrojas.htm.

Rosado, Eduardo. "Historia del Cine en Puerto Rico". En: http://cine-movida.net/historia_del_cine_en_puerto_rico

Roth-Seneff, Andrew. "Dos debates: Historia, hermenéutica y los orígenes de la representación". *Revista de Ciencias Sociales* (UPR-RP). Núm. 11, 2002 p. 49-72.

Rueda Laffond, José Carlos y Chicharo Merayo, María del Mar. "La Representación Cinematográfica: una aproximación al análisis sociohistórico". *Ámbitos*. No. 11-12, Primer y segundo semestre 2004.

Salmi, Hannu. "Film as Historical Narrative". *Film-Historia*. Vol.V No.1 1995 pp. 45-54.

Sánchez, Waldo. "Hacia un análisis crítico del valor educativo del cine documental puertorriqueño". *Revista de Cine y Video Encuentro*. Año 4, Núm.1

Schmitt, Rudolf. "Systematic Metaphor Analysis as a Method of Qualitative Research". *The Qualitative Report* Núm.2 Vol.10, June 2005 p.358-394

Skerrett de Torres, Lillian. "Símbolo del Santero Puertorriqueño". *El Mundo*. Microficha

Trelles-Plaza, Luis. "La música cinematográfica". *Revista Resonancias*. Núm. 6 Año 3, julio-diciembre 2003 p. 6-13.

Trías, Manuel B. "El objeto de la estética". *Actas del Primer Congreso Nacional de Filosofía*. Mendoza, Argentina. marzo-abril 1949, tomo 3, pp. 1553-1558.

_____. "Nota sobre la belleza como trascendental". *Actas del Primer Congreso Nacional de Filosofía*. Mendoza, Argentina. marzo-abril 1949, tomo 3, pp. 1559- 1564.

Van Dijk, Teun A. "Análisis del Discurso Ideológico". *UAM-X México*. Versión 6, 1996.

Vásquez Rocca, Adolfo. "Baudrillard: de la metástasis de la imagen a la incautación de lo real". *Eikasia. Revista de Filosofía*. Año II, 11 (julio 2007)

Zangwill, Nick. "Music, Metaphor, and Emotion". *The Journal of Aesthetics and art Criticism*. Vol. 64, No. 4 Autumn 2007 pp. 391- 400.

Tesis y Disertaciones:

Aguiló Ramos, Silvia A. *Idea y Concepto de la Cultura Puertorriqueña en la Década del 50*. Tesis. Centro de Estudios Avanzados de Puerto Rico y el Caribe, 1987.

Janer, Zilkia. *The National Building Literary Field and Subaltern Intellectuals in Puerto Rico (1849-1952)* Diss. Duke University, 1998.

Marsh, Catherine. *La Negociación de la Cultura en una Nación sin Estado: La Producción Cultural de la División de Educación de la Comunidad del Estado Libre Asociado de Puerto Rico (1948-1968)*. Diss. University of California, Berkley, 2001.

Pérez Quintana, Waldemar. *An Oral History of the Division of Community Education of Puerto Rico from 1949 to the Present: The perspective of Eight Puerto Rican Educators*. Diss. Pennsylvania State University, 1984.

Quetell Velázquez, Néstor S. *Más allá de la DIVEDCO: Historiografía y cine de Amílcar Tirado*. Tesis. Centro de Estudios Avanzados de Puerto Rico y el Caribe, 2012.

Tirado, Amílcar. *La Charca: Cinema as a Tool for Liberation*. Diss. Union Graduate School, Antioch College, 1974.

APÉNDICE:

BREVE BIOGRAFÍA SOBRE AMÍLCAR TIRADO
DIRECTOR DE *SANTERO*

Amílcar Tirado nace el 5 de abril de 1922 en Coamo P.R. Se destacó como actor teatral, artista cinematográfico, académico y activo participante en el desarrollo social, cultural y artístico del país.

Comenzó estudios de Teatro en la Universidad de Puerto Rico donde ayudó a fundar el teatro de la Universidad. También continuó estudios en la Universidad de Yale donde estudió artes y en la Universidad de California donde culmina su título en educación cinematográfica. Además, estudió en el Union Graduate School, en el Centro de Estudios Avanzados de Puerto Rico y el Caribe y en la Universidad de Valladolid.

Su carrea cinematográfica comienza junto con Jack Delano en la *Farm Security Administration*, donde estaban encargados de crear películas didácticas parra dicha agencia. Fue director de la sección de Cinema de la *División de Educación de La Comunidad* (DIVEDCO) desde 1949 hasta 1965. Luego, para la década de los setentas, trabajó en el proyecto de cine comunitario (*Puerto Rican Community Workshop*) en la comunidad La Perla de San Juan. Para la misma década, fue también miembro fundador del *Museo del Barrio* y de las *Fiestas Folklóricas Puertorriqueñas* en la ciudad de New York.

La mayoría de su producción cinematográfica fue bajo la *División*, para quien dirigió más de 21 *films* y de estas sobresalen: *Una voz en la montaña* (1952), *El puente* (1953), *El santero* (1956), *El contemplado* (1957), *Cuando los padres olvidan* (1957), *Mayo florido* (1958), *El gallo pelón* (1961), *La casa de un amigo* (1963), *Chela* (1965), *La noche de Don Manuel* (1965), *La plena* (1966), *La botija* (1967), *La buena herencia* (1967), entre muchos otros.

Tan temprano como en 1951, recibió una mención oficial en el *Edimburg Film Festival* y en el *Venice Film Festival* por su película *Una voz en la montaña*. Además, fue galardonado con el premio *Golden Eagle* por su labor cinematográfica y educativa.

Murió el 24 de enero de 2004.

www.ingramcontent.com/pod-product-compliance
Lightning Source LLC
Chambersburg PA
CBHW070255190526
45169CB00001B/428